Ganz nach unserem Geschmack

Martina Meuth

Bernd Neuner-Duttenhofer

Ganz nach unserem Geschmack

Das Begleitbuch
zur WDR Servicezeit:
Essen & Trinken

Redaktion der Sendung: Rainer Nohn

Bibliografische Information Der Deutschen Bibliothek
Die Deutsche Bibliothek verzeichnet diese Publikation
in der Deutschen Nationalbibliografie; detaillierte bibliografische
Daten sind im Internet über http://dnb.ddb.de abrufbar.

© 2009 vgs
verlegt durch EGMONT Verlagsgesellschaften mbH;
Gertrudenstraße 30-36, 50667 Köln

© WDR, Köln
Agentur: WDR mediagroup licensing GmbH

Redaktion: Cindy Witt
Lektorat: Katharina Tilemann
Umschlaggestaltung und Layout: Metzgerei Strzelecki, Köln
Bildnachweis:
Umschlagfoto vorne: Luca Siermann
Umschlagfotos hinten: Martina Meuth
Videograps: Imhoff Realisation, hergestellt von Openedit
Bilder S. 12/13; 22/23; 34/35; 46/47; 58/59; 66/67; 80/81;
90/91; 102/103; 116/117; 126/127; 134/135; 146/147; 156/157;
166/167; 178/179; 190/191: Martina Meuth

Satz: Achim Münster, Köln
Produktion: Susanne Beeh
Druck: Firmengruppe APPL, aprinta druck, Wemding
ISBN: 978-3-8025-3662-5

www.vgs.de

Inhalt

Vorwort		8
Ganz nach unserem Geschmack!		10
Mitternachtssuppen	Gulaschsuppe	15
	Russische Soljanka	16
	Vietnamesische Suppe Pho	18
	Feine Graupensuppe	20
Dampfnudeln & Krapfen	Grundrezept Hefeteig	25
	Krapfen oder Berliner Pfannkuchen	26
	Rosinenkrapfen	27
	Crostoli	28
	Herzhaft gefüllte Dampfnudeln	30
	Dampfnudeln	32
	Gefüllte Buchteln	33
Ingwer & Co	Chinesisches Schweinefleisch mit Lauch und Ingwer	38
	Gefüllte Roastbeefröllchen	39
	Thai-Curry-Kokossuppe mit Hähnchenfleisch	40
	Ingwersauce	42
	Crème Caramel mit Ingwer	43
Kochen und Würzen mit Balsamico	Kalbsleberscheiben mit roten Zwiebeln	51
	Marinierte Entenbrust mit Balsamico-Äpfeln und -Zwiebeln	52
	Kalbsmedaillons auf frischem Erbspüree	55
	Hähnchengeschnetzeltes	56
	Ziegenkäse mit Balsamico	57
Gefüllte Pfannkuchen	Grundrezept Pfannkuchen	62
	Pfannkuchen-Variationen	63
	Scharfe Hackfleischsauce	64
	Pfannkuchen mit Quarkfüllung	65

Kochen & backen mit Frischkäse

Ziegenkäsknödel mit Spinat 70
Liptauer 72
Grundrezept Quark-Öl-Teig 73
Lauch-Quiche mit zweierlei Käse 74
Zitronenpizza 75
Herzhaftes Frischkäsegebäck 76
Süße Frischkäseteilchen 77
Supererfrischender Quark-Drink 78
Sizilianische Ricottatorte 79

Köstliches Geflügel

Gebratenes Perlhuhn 84
Wachteln auf Couscous 85
Geschmorte Hähnchenkeulen mit Kapern und Oliven 86
Pasta mit Putenbrust in Spinatsauce 87
Stubenküken oder Täubchen auf Linsen 88

Frühlingsrollen & Wan Tans

Thailändische Frühlingsröllchen 95
Vietnamesische Glücksrollen 96
Vietnamesischer Fischsaucen-Dip 97
Klassischer Hoisin-Dip 97
Wan Tans 98
Indonesische Frühlingsrollen 100
Chilisaucen-Dip 101
Ingwer-Dip mit Frühlingszwiebeln 101

Fingerfood: Häppchen aus der Hand

Hähnchen-Kokos-Dip 106
Würziges Hack im Salatblatt 107
Hackfleischbällchen mit Aioli oder Wasabi-Dip 108
Aioli 109
Wasabi-Dip 109
Salbeimäuschen mit Anchovis 110
Datteln im Speckmantel 111
Avocado-Dip 112
Frischkäse-Zwiebel-Dip 114

Backen für den Sommer

Knuspertürmchen 119
Eiskaffee 120
Aprikosenkuchen 121
Mohn-Himbeer-Torte 122
Variation: Mangotorte mit Himbeeren 123
Obsttörtchen 124

Zucchini

Zucchinitaler 129
Gefüllte Zucchinitürmchen 130
Zucchiniblüten 132
Zucchinibrot 133

Ossobuco und gefüllte Kalbsbrust

Gefüllte Kalbsbrust mit Kräuter-Semmel-Füllung 138
Gefüllte Kalbsbrust mediterrane Art 140
Kartoffelsalat 142
Ossobuco 144

Kochen mit Kindern

Lina Maries Eiersalat 149
Magnus' Kartoffelpuffer 150
Frisches Apfelmus 151
Charlottes Spätzle 152
Moritz` gefüllte Eier 153
Obstsalat 154

Kürbis – groß in Mode

Kürbiscappuccino mit Ingwerschaum und Korianderöl 159
Kürbiscannelloni mit weißer und grüner Sauce 160
Kürbisgnocchi mit Kernöl 162
Gebackene Kürbisschnitten mit Tomaten 164
Kürbiskonfitüre 165
Kürbismuffins 165

Geschenke aus der Küche

Krokantmandeln 169
Karamellbonbons 170
Mandeltörtchen 171
Eierlikör 172
Duftendes Salz 174
Eingemachtes Suppengrün 176
Tomatenpesto 177

Weihnachtsbäckerei

Haselnusstürmchen 183
Bettelmönchstaler 184
Schokotrüffel 186
Schoko-Chili-Würfel 187
Schokomaronen 188

Weihnachtsmenü

Rote-Bete-Carpaccio mit Forelle 194
Gebratene Pute 196
Lauch-Kartoffel-Gratin 199
Topfenknödel mit karamellisierten Äpfeln 200
Resteverwertung 202

Register 204

Vorwort

Liebe Leserinnen und liebe Leser,

„Ganz nach unserem Geschmack" nennen die beiden langjährigen und erfahrenen TV-Köche Martina und Moritz ihr neues Begleitbuch zu der WDR-Sendung Servicezeit: Essen & Trinken. Seit über zehn Jahren bin ich Redakteur dieser Sendereihe, da habe ich mich natürlich gefragt, ob unser Kochpaar wirklich den gleichen Geschmack hat. Ich weiß doch, dass Martina am liebsten Muskat verwendet, Moritz hingegen damit eher zurückhaltend ist. Er steht nicht so sehr auf Süßes, lieber ist ihm ein herzhaft zubereitetes Stück Fleisch. Geriebenen Käse auf Nudeln mag er gar nicht. Und da war doch auch die Sache mit der Tomatenhaut, die Martina nicht ausstehen kann, während er nichts dagegen hat.

Dies sind nur ein paar Beispiele, die zeigen, dass die Geschmäcker verschieden sind. Aber es geht den beiden ja darum, dass ihre Geschmacksrichtung die gleiche ist. Sie verwenden am liebsten unbehandelte, natürliche Produkte, die sie schonend zubereiten, sodass der Eigengeschmack erhalten bleibt. Dabei handelt es sich nicht nur um Bioware, auch konventionell angebaute oder hergestellte Produkte finden ihren Zuspruch. Pflanzliche Lebensmittel müssen auf jeden Fall frisch sein. Fleischprodukte müssen von Tieren stammen, die artgerecht und mit natürlichem Futter aufgewachsen sind.

Die beiden Profis haben eine Kochphilosophie entwickelt, bei der das qualitativ hervorragende Lebensmittel die Grundlage ist. Darauf aufbauend entwickeln sie immer wieder ihre neuen Rezeptideen. Andere Köche sind wohl kaum so viel durch die Welt gereist wie Martina und Moritz. Von überallher haben sie aus der landestypischen Küche Anregungen mitgebracht und diese nach ihrem Geschmack ergänzt und verändert. Da ist aus Fernost der Ingwer gekommen, aus Südamerika der Chili, aus den Mittelmeerländern das Olivenöl ...

In diesem Buch finden Sie all dies wieder und sollen nun auf den Geschmack von Martina und Moritz kommen. Aber selbstverständlich können Sie die Rezepte so abwandeln, dass sie Ihnen persönlich noch besser schmecken. Vielleicht behagt Ihnen ja die Schärfe nicht so sehr wie unseren beiden Chili-Fans. Oder Sie verwenden weniger Knoblauch, weil Sie Ihrer Umwelt den Geruch nicht zumuten möchten.

Noch immer ist nicht hinreichend erforscht, wie der Geschmack beim Verzehr von Speisen eigentlich entsteht. Auf der Zungenoberfläche und im Mund-Rachen-Raum befinden sich für die jeweiligen Geschmacksrichtungen spezifische Sinneszellen, die sogenannten Geschmacksknospen. Sie sind für alle Geschmacksrichtungen empfänglich, mit Ausnahme von Schärfe, die die Schmerzrezeptoren auf Zunge und Mundschleimhaut reizt.

Auch die anderen Sinne sind an dem Geschmack beteiligt, vor allem der Geruchssinn. Und zu Recht heißt es: „Das Auge isst mit", denn schon beim Anblick der Speisen kann einem das Wasser im Mund zusammenlaufen. Das wird Ihnen wahrscheinlich auch so gehen, wenn Sie die schönen Fotos in diesem Buch betrachten. Ebenso spielt das Kauen – also der Tastsinn – eine größere Rolle beim Verzehr und Genuss einer Speise, als bisher angenommen. Deshalb versuchen unsere Köche auch, die richtige „Textur" zu erreichen, indem sie hart und weich miteinander kombinieren. Gemüse darf nicht zu weich gekocht werden, um noch „Biss" zu behalten.

Der Geschmacksinn wird auch durch die Tages- und Jahreszeit sowie die augenblickliche Stimmungslage beeinflusst. Wenn Sie mit der Familie oder mit Freunden in entspannter Atmosphäre an einem schön gedeckten Tisch zusammensitzen, ist das schon die beste Voraussetzung für ein schmackhaftes Mahl. Und versuchen Sie, durch gezielte Vorbereitung Stress zu vermeiden – der verdirbt einem bekanntlich den Appetit.

Aber experimentieren Sie in Ruhe ein bisschen und lassen Sie sich dabei von den hier vorgestellten Rezepten leiten. Diskutieren Sie ruhig auch mit Ihrem Partner oder Ihren Freunden über eine neue Rezeptur. Das tun Martina und Moritz nachweislich auch, denn über Geschmack lässt sich zwar nicht streiten, für den Geschmack aber sehr wohl.

So hoffe ich, dass Sie auch an diesem Buch Geschmack finden, und wünsche Ihnen viele schöne Geschmackserlebnisse.

Ihr Rainer Nohn
Redaktion Servicezeit: Essen & Trinken

Ganz nach unserem Geschmack

Liebe(r) Zuschauer(in), liebe(r) Leser(in),

wie jedes Frühjahr legen wir hier wieder unsere das ganze letzte Fernsehjahr gesammelten Rezepte aus „Servicezeit: Essen & Trinken" vor, mit allen unseren Tipps und Tricks und reich bebildert: Ganz nach unseren Geschmack – das Begleitbuch zur Sendung!

Wir geben zu: Auch im Fernsehen kochen wir am liebsten, was wir selber gerne essen. Das mag selbstsüchtig klingen, aber für uns ist klar: Gerichte, die man nicht mag, werden auch nicht recht gelingen. Es gibt jedoch nur wenig, was uns nicht schmeckt – und so braucht niemand zu fürchten, unser Angebot sei dadurch eingeschränkt. Auf die Frage nach unserem Lieblingsgericht sagen wir: „Alles, was gut ist!" Und wenn wir aufzählen sollen, was wir verabscheuen, dann ist die Antwort stets: „Miese Produkte, lieblos in die Pfanne gehauen."

Da sind wir jedoch offenbar eine Ausnahme – wir staunen immer wieder, wie viele Menschen nur wenige Gerichte und Zutaten zulassen, bei unglaublich vielen Dingen die Nase rümpfen und sich so freiwillig vieler Genüsse berauben. Die einen mögen keine rohen Zwiebeln, die andern verschmähen Rote Bete, Gurken verursachen ihnen Aufstoßen und Knoblauch vertragen sie nicht. Da heißt es hier: „Innereien – iihh!" Dort: „blutiges Steak? Das ess ich nicht!" Aber wenn wir die Probe aufs Exempel machen, stellen wir fast immer am Ende fest: Sobald die vorher verabscheuten Zutaten richtig zubereitet oder harmonisch eingebunden wurden, gibt's nur sehr selten Widerspruch. Wenn beispielsweise die rohen Zwiebeln in exakte, winzig feine Würfelchen geschnitten und nicht nur grob zerteilt wurden (womöglich sogar eine besonders delikate Sorte verwendet wurde) oder die Rote Bete nicht aus dem Fabrikglas kommt, sondern als junge Knolle geerntet, im Dampf gegart und mit einer kräftig pimentwürzigen Vinaigrette aus erstklassigem Weinessig und einem anständigen Olivenöl angemacht wird – dann lassen sich auch eingefleischte Gegner schnell überzeugen und essen mit Genuss ihren Teller leer.

Was lernen wir daraus? Auf die Qualität der Zutaten kommt es an, und natürlich auf die Sorgfalt bei der Zubereitung. Dann verzieht keiner mehr mäkelig den Mund. Nicht der angebliche Innereienhasser, wenn die Kalbsleberschnitte butterzart, also perfekt gebraten ist, noch der Fan vom durchgebratenen Steak, der auf einmal erkennt, dass Fleisch unwiderstehlich zart und saftig ist und nicht trocken und zäh, es sogar auf der Zunge zergeht, wenn es nicht totgebraten ist, sondern innen noch mehr als rosa.

Das beweist, dass man über Geschmack gar nicht streiten muss, weil es viel hilfreicher ist, stattdessen die Hintergründe guten Essens zu erklären und mit dieser Erkenntnis und einem umfassenden Wissen darum sogar hartgesottene Gegner zu überzeugen.

Genau das ist es, was wir seit mehr als 20 Jahren mit unserer Fernsehsendung erreichen wollen: Wissen vermitteln, den Blick öffnen, sozusagen über den Tellerrand heben und so den Horizont erweitern.

Denn: Je besser man Bescheid weiß über die einzelnen Zutaten, deren Herkunft, ihre Qualität, wie sie entstehen, wo man sie findet und wie man sie schließlich korrekt behandelt, umso größeren Genuss und schließlich auch Nutzen kann man daraus ziehen. Deshalb ist uns die Warenkunde so ganz besonders wichtig.

Wenn man sich mit den Produkten auskennt, dann bedarf es nur noch ein paar pfiffiger Ideen und Anregungen, um sie zu den unterschiedlichsten Gerichten zusammenzusetzen. Dabei versuchen wir stets, mal Altbekanntes mit neuen Ideen wiederzubeleben, aber auch mal – am liebsten nach einem Blick in die Kochtöpfe ferner Länder (vor allem rund ums Mittelmeer oder im Fernen Osten) – völlig Neues, Ungewöhnliches und Unbekanntes daraus zu entwickeln. So reicht unser Angebot an Rezepten vom bodenständigen Eintopf über die überall heißgeliebten Pfannkuchen, die wir allerdings vielfältig abwandeln und variieren, bis zu den Lieblingsgerichten Asiens; wir tüfteln neue Rezepte für den klassischen Kürbis aus und probieren, was sich aus Zucchini alles machen lässt. Dass wir mit unserer Art zu Kochen Ihren Geschmack immer ganz gut treffen, zeigen uns nicht nur die Klickzahlen, mit denen registriert wird, wie oft Sie sich die Rezepte aus dem Internet runterladen, und die wachsende Zahl der Abonnenten des Newsletters, sondern vor allem auch die vielen Briefe, die Sie uns per Post oder E-Mail schicken, in denen Sie uns davon berichten, wie gut Ihnen unsere Rezepte gelungen sind. Das ist uns jedes Mal eine wundervolle Bestätigung, für die wir Ihnen allen sehr dankbar sind. Lob kann man ja bekanntlich nie genug kriegen und stets in übergroßem Maß vertragen. Es spornt an und beflügelt – für weitere Ideen zu neuen Sendungen: Eben ganz nach unserem und Ihrem Geschmack!

Herzlich, Ihre MM & BND

Mitternachts-suppen

Mitternachtssuppen
Stärkung für müde Partykrieger

Mitternachtssuppen! Heiß und feurig, Herzhaftes, das schwächelnden Partygästen zu neuen Kräften verhilft. Denn wenn der erste Schwung abgeflaut ist, braucht's wieder einen ordentlichen Anschub, damit man die Partynacht durchhält.

Es sind alles Suppen, die sich wunderbar vorbereiten lassen; man braucht den Topf dann nur noch einmal auf den Herd zu stellen, um die Suppe zu erhitzen. Und das Schöne ist: Man hat auch anschließend nicht viel Mühe damit – mehr als einen Teller plus Löffel beziehungsweise Stäbchen (für die vietnamesische Variante) pro Person sind am Ende nicht abzuspülen.

Gulaschsuppe

Eine, die ihren Namen wirklich verdient – so, wie sie die Hirten in der Puszta für sich kochen, um sich gegen Wind und Wetter zu wappnen.

1 Das Fleisch in kleine Würfel von ca. 1 cm Kantenlänge schneiden. Die Zwiebeln fein würfeln. In einem Suppentopf das Schmalz erhitzen. Zuerst portionsweise das Fleisch anbraten, dabei den fein gewürfelten Speck hinzustreuen, außerdem salzen und pfeffern. Dann die gewürfelten Zwiebeln zufügen, ebenfalls würzen, und am Ende den gehackten Knoblauch dazugeben. Jetzt Kümmel und Paprika unterrühren, kurz anschwitzen, aber nicht rösten. Die Tomaten samt Saft zufügen – frische Tomaten allerdings erst 30 Minuten, bevor die Suppe fertig ist.

2 Alles mit Wasser großzügig bedecken und nun leise insgesamt ca. 2 Stunden köcheln lassen. Nach der halben Zeit die zentimeterklein gewürfelten Kartoffeln in den Suppentopf geben.

3 Am Ende schön feurig mit dem Rosenpaprika abschmecken und mit einem kleinen Spritzer Weinessig erfrischen.

BEILAGE
Saure Sahne und fein gehackter Dill, außerdem handfestes Graubrot.

GETRÄNK
Ein herzhafter, kräftiger Weißwein, zum Beispiel ein Furmint aus Ungarn.

TIPP

In Ungarn fügt man noch Nockerl hinzu. Die sind schnell hergestellt, indem man 200 g Mehl, 2 Eier und eine gute Prise Salz miteinander verknetet, mit Daumen und Zeigefinger kleine Zipfel davon abzupft und ca. 20 Minuten, bevor die Suppe fertig ist, hineingibt und mitkocht. Sie geben der Suppe noch mehr Gehalt und machen sie schön sämig!

ZUTATEN
Für sechs bis acht Personen:

1 kg Rindfleisch (möglichst ein durchwachsenes Stück nehmen: Wade,
vom Hals, aus der Schulter)
250 g Zwiebeln
60 g Schweineschmalz
70 g grüner Speck
Salz, Pfeffer
4-5 Knoblauchzehen
1 EL Kümmel
6 EL Delikatesspaprika
1 Tetrapack/kleine Dose gewürfelte
Tomaten (oder 4 frische Tomaten)
500 g Kartoffeln
Rosenpaprika (scharf) nach Geschmack
1 EL Rotweinessig

Russische Soljanka

In der ehemaligen DDR war die Soljanka eine Art Nationalgericht. Ursprünglich stammt sie allerdings aus den Weiten Russlands. Wie für den Borschtsch, die wunderbare Rote-Bete-Suppe, gibt es auch für die Soljanka eine ganze Menge unterschiedlichster Rezepte: Soljanka mit Fleisch, mit Wurst, mit Fisch, mit Pilzen – mal mit Tomaten, mal mit Kohl. Gemeinsam ist allen Varianten, dass sie mit eingesalzenen Zutaten hergestellt werden – daher der Name, von Sol = Salz. Also mit Sauerkraut, mit Salzgurken oder eingesalzenen Pilzen. Wir haben eine Vielzahl von Rezepten studiert und daraus dann diese, unsere Version gebastelt:

1 Das Fleisch und die Brühe kocht man am besten bereits am Vortag, dann ist die eigentliche Suppe nämlich ganz schnell fertig: Zuerst also für die Brühe das Rind- oder Schweinefleisch in einem Topf mit ca. 2 Litern Wasser bedecken. Von dem geputzten Suppengemüse die Schalen und Abschnitte zufügen, ebenso Lorbeerblätter, Pfefferkörner und Salz. 2 Stunden leise ziehen lassen, bis das Fleisch weich ist.

2 Am nächsten Tag die Brühe entfetten und durch ein Sieb filtern. Das Fleisch in kleine, mundgerechte Würfel schneiden.

ZUTATEN
Für sechs bis acht Personen:

700 g Rindfleisch (Brustkern oder Hals) oder 700 g Schweinehals
1 Möhre
1 Lauchstange
¼ Sellerieknolle
2 Lorbeerblätter
1 TL Pfefferkörner
Salz
1 große Zwiebel
2 EL Öl oder Schmalz
2 Knoblauchzehen
½ Weißkohlkopf
500 g Sauerkraut
500 g Kassler (am Stück)
2-3 Tomaten
je 1 rote und gelbe Paprikaschote
2-3 saure Gurken
2 EL Kapern
Zitrone

Außerdem:
4-6 Wiener Würstchen
200 g saure Sahne oder Schmand
1 dicker Strauß Dill
guter Essig

3 Dann die Suppe ansetzen: Die Zwiebel fein würfeln und im Öl oder Schmalz andünsten, das ebenso fein gewürfelte Wurzelgemüse zufügen, auch den fein gewürfelten Knoblauch und den in Streifen geschnittenen Weißkohl. Erst, wenn das Gemüse weich ist, das zerzupfte Sauerkraut sowie das in Würfel geschnittene Kassler zufügen und mit der Brühe auffüllen. Etwa 20 Minuten weiterköcheln lassen.

4 Inzwischen die Tomaten mit kochendem Wasser überbrühen, kalt abschrecken, dann häuten und würfeln. Paprika entkernen und in kleine Würfel schneiden. Gurken ebenso würfeln und nun alles, auch die Kapern und das Fleisch, in die Suppe geben. Nochmals etwa 10 Minuten miteinander durchziehen lassen, mit Zitronensaft abschmecken und heiß servieren.

5 Servieren: Die Würstchen auf einem Brett extra servieren und mit einem scharfen Messer in dünne Scheibchen schneiden. Am Tisch jedem Gast in seinen Teller geben, wo sie schnell heiß werden, wenn sie von der Suppe bedeckt sind. Außerdem dazu saure Sahne auf den Tisch stellen, fein gehackten Dill und einen guten Essig, womit sich die Gäste ihre Portion anreichern und nachwürzen können.

BEILAGE
Herzhaftes Bauernbrot.

GETRÄNK
Ein süffiger Cidre oder ein Pils.

Vietnamesische Suppe Pho

ZUTATEN

Für 6 Personen:

Brühe:

gut 500 g Suppenfleisch (vom Rind:
vorzugsweise Rippe oder Wade)
je 2 Fleisch- und Markknochen
je etwa 100 g Staudensellerie, Möhre,
Lauch und Petersilie mit Wurzel
2 Zwiebeln
1-6 getrocknete Chilischoten (vorzugsweise die kleinen Vogelaugenchili)
1 daumengroßes Stück Ingwer
1 Stück Galgant
evtl. 2 Stück Fingeringwer (gibt's alles
im Asia-Laden,
s. a. Warenkunde S. 36)
2 Zimtstangen
¼ Muskatnuss (gerieben oder in kleinen Stückchen)
6 ganze Sternanis
1 Handvoll Knoblauchzehen
einige Stängel frisches Koriandergrün
mit Wurzel (die Blätter abzupfen und
beiseitelegen)
1-2 Zitronengraskolben
2 EL Fischsauce (Nuoc Mam
oder Nam Pla)

Ebenfalls ein Nationalgericht, dieses Mal aus Nordvietnam, weshalb es auch Hanoi-Suppe genannt wird. Es handelt sich um eine sehr konzentrierte und gehaltvolle Brühe, die kräftig gewürzt und am Ende feurig-scharf abgeschmeckt wird. Man nennt sie auch 24-Stunden-Suppe, weil die Brühe, die man für sie kocht, so lange ziehen sollte – allerdings muss man das nicht wörtlich nehmen, drei, vier Stunden genügen auch. Die Suppe entsteht also in zwei vollkommen getrennten Arbeitsgängen: Zuerst die Brühe kochen; was zum Servieren nötig ist, kann man dann in wenigen Minuten erledigen.

1 Alle Zutaten für die Brühe – die Gemüse natürlich putzen und würfeln – außer der Fischsauce in einen großen Topf geben und mit gut 2 bis 3 Litern Wasser aufgießen. Langsam unbedeckt zum Kochen bringen, den dabei entstehenden Schaum nicht abschöpfen – er wird im Verlauf der Garzeit die Brühe klären. Beim ersten Aufwallen die Hitze zurückschalten, den Deckel auflegen und das Ganze ohne zu kochen mindestens 4 Stunden ziehen lassen. Die Brühe nicht salzen – die Aromen sind kräftig genug!

2 Die Brühe am Ende durchseihen und sorgfältig entfetten. Deshalb am besten schon frühzeitig zubereiten und im Kühlschrank abkühlen lassen. Danach lässt sie sich ganz leicht entfetten: Das Fett erstarrt an der Oberfläche und man kann es einfach abheben. Das Fleisch sorgfältig von Fett und Sehnen befreien, in feine Scheibchen oder Würfel schneiden. Zum Servieren wird die Brühe wieder erhitzt und mit Fischsauce abgeschmeckt.

3 30 Minuten vor dem Servieren die Nudeln mit kochendem Salzwasser überbrühen und einige Minuten ziehen lassen, dann gut abtropfen. Die Schalotten bzw. die Zwiebel in Ringe schneiden und im Öl knusprig rösten.

4 Das Filet (eventuell leicht anfrieren) am besten auf der Aufschnittmaschine in möglichst hauchdünne Scheiben schneiden. Frühlingszwiebel putzen und schräg in Scheibchen, auch die Limone schräg zum Äquator in Segmente schneiden. Nudeln, Filetscheiben, Frühlingszwiebeln sowie die Kräuter gleichmäßig in den Suppentellern, -tassen oder -schälchen verteilen: zuunterst die abgetropften Reisnudeln, die anderen Zutaten obenauf. Die Limonensegmente getrennt zur Suppe auf einem Teller auf den Tisch stellen.

5 Zum Servieren die Schälchen mit kochend heißer Brühe auffüllen. Die gerösteten Schalotten/Zwiebeln obenauf verteilen.

BEILAGE

Zum Nachwürzen bekommt jeder ein Limonenviertel. Auch frische Kräuter sollten zum Nachnehmen auf dem Tisch stehen, ebenso noch ein Vorrat an eingeweichten Reisnudeln.

GETRÄNK

Entweder ganz klassisch grüner Tee oder einfach Mineralwasser.

Suppe:
150 g weiße Reisnudeln
Salz
3 Schalotten oder 1 Zwiebel
1 EL geschmacksneutrales Öl
200 g Rinderfilet
2 Frühlingszwiebeln
1 Limone
je 1 gute Handvoll Basilikum- und Korianderblätter

TIPP

Man braucht für diese Suppe nicht einmal einen Löffel: Die festen Bestandteile werden mit Stäbchen herausgefischt und die Flüssigkeit wird aus der Tasse oder Schale getrunken.

Feine Graupensuppe

Eine Lieblingssuppe von Martina, die sie leider nur ganz selten machen kann, weil Moritz immer noch unter dem Graupenhorror aus Nachkriegszeiten leidet. Dabei ist diese Suppe überaus elegant und schmeckt einfach wunderbar!

1 Die Graupen einige Stunden in kaltem Wasser einweichen. Den Speck in kleine Würfel schneiden. Auch die verschiedenen Gemüse vorbereiten. Die Würfel sollen wirklich winzig klein sein (der Fachmann spricht von „Brunoise"), in der Größe also etwa den Graupen entsprechen!

2 Die Speckwürfelchen in 30 Gramm Butter anschwitzen, bis sie ganz leicht kross (aber auf keinen Fall hart) werden. Nun die Zwiebel- und Lauchwürfel zufügen, ebenfalls leicht glasig werden lassen. Anschließend die Möhren- und Selleriewürfel dazugeben und auch andünsten. Jetzt die restliche Butter darin schmelzen.

3 Die Graupen zufügen, Brühe und Sahne angießen. Leise köcheln, bis die Graupen mit ein wenig Biss gar sind – das kann 20 bis 40 Minuten dauern.

4 Mit frisch geriebener Zitronenschale und Muskat würzen und mit Salz und Pfeffer abschmecken. Klein geschnittene Petersilie und Schnittlauch einrühren und in einer großen Terrine oder in tiefen Tellern servieren.

ZUTATEN

Für sechs Personen:

200 g Graupen
150 g Speck
je 150 g so fein wie möglich gewürfelte Zwiebel, Möhre, Lauch und Sellerieknolle (Brunoise)
50 g Butter
2 l kräftige Fleischbrühe
500 ml süße Sahne
etwas abgeriebene Zitronenschale
Muskat
Salz, Pfeffer
je 1 Bund Petersilie und Schnittlauch

BEILAGE
Frisches, knuspriges Weißbrot oder Baguette.

GETRÄNK
Ein eleganter Weißwein, der allerdings ordentlich Kraft aufweisen sollte, also eine trockene Spätlese etwa – je nach Gusto ein rassiger Riesling oder lieber ein milderer Silvaner, zum Beispiel aus der Pfalz.

TIPP
Ein Drittel der Sahne zurückbehalten, vor dem Servieren halbsteif schlagen und unter die Suppe ziehen, um sie duftiger zu machen und damit zu verfeinern.

Klar wie Kloßbrühe?

Natürlich ist eine Kloßbrühe nicht klar, sondern ziemlich trüb – schließlich haben die Klöße ihre Stärke abgegeben. Eine Fleischbrühe möchte man aber möglichst klar haben. Deshalb leuchtet es zunächst ein, wenn das Rezept vorschreibt, man solle den trüben Schaum, der sich an der Oberfläche im Suppentopf kräuselt, abschöpfen. Aber das Gegenteil ist richtig! Nie den Schaum abschöpfen, der sich anfangs an der Oberfläche bildet! Auch wenn die Kochbücher und sogar Köche es immer wieder anraten. Es handelt sich bei diesem Schaum um genau das Eiweiß, das die Brühe klar hält, wenn man sie nie wirklich ins Kochen geraten, sondern stets nur leise unter dem Siedepunkt ziehen lässt. Eiweiß hat nämlich die Fähigkeit, Trubstoffe in Flüssigkeiten zu binden und mit seiner Gerinnung beim Erhitzen auszufällen, wie der Fachmann sagt.

Wenn die Brühe allerdings stark gekocht hat, haben sich vom Fleisch winzige Partikel gelöst, und die im austretenden Saft befindlichen Eiweiße sind geronnen, ehe sie sich zu langen Ketten verbinden konnten – sie schwimmen nun als Trubstoffe in der Flüssigkeit herum und lassen die Brühe nicht gerade schön aussehen.

Um wieder eine glasklare Brühe zu bekommen, gehen Sie folgendermaßen vor: Geben Sie ein verquirltes Eiweiß in die kalte Brühe, erhitzen Sie sie sehr langsam bis zu dem Punkt, an dem das Eiweiß gerinnt – koaguliert, wie der Fachausdruck dafür lautet. Lassen Sie nun den Topf einige Minuten stehen, ohne dass die Flüssigkeit zu kochen beginnt: Man kann jetzt zusehen, wie das langsam gerinnende Eiweiß sämtliche Trubstoffe an sich zieht. Sie lassen sich anschließend herausfiltern, indem man die Brühe durch ein Tuch gießt. Dabei werden allerdings auch wertvolle Geschmacksstoffe mit herausgefiltert (nur unter Umständen ein erwünschter Effekt, nämlich wenn die Brühe versalzen wurde). Deshalb ist es besser, man beherzigt den wichtigsten Grundsatz, der fürs „Suppekochen" gilt: Sie soll niemals kochen, sondern nur leise sieden! Dann wird nichts umhergewirbelt und das natürliche Eiweiß des Fleisches kann in aller Ruhe seine klärende Arbeit verrichten.

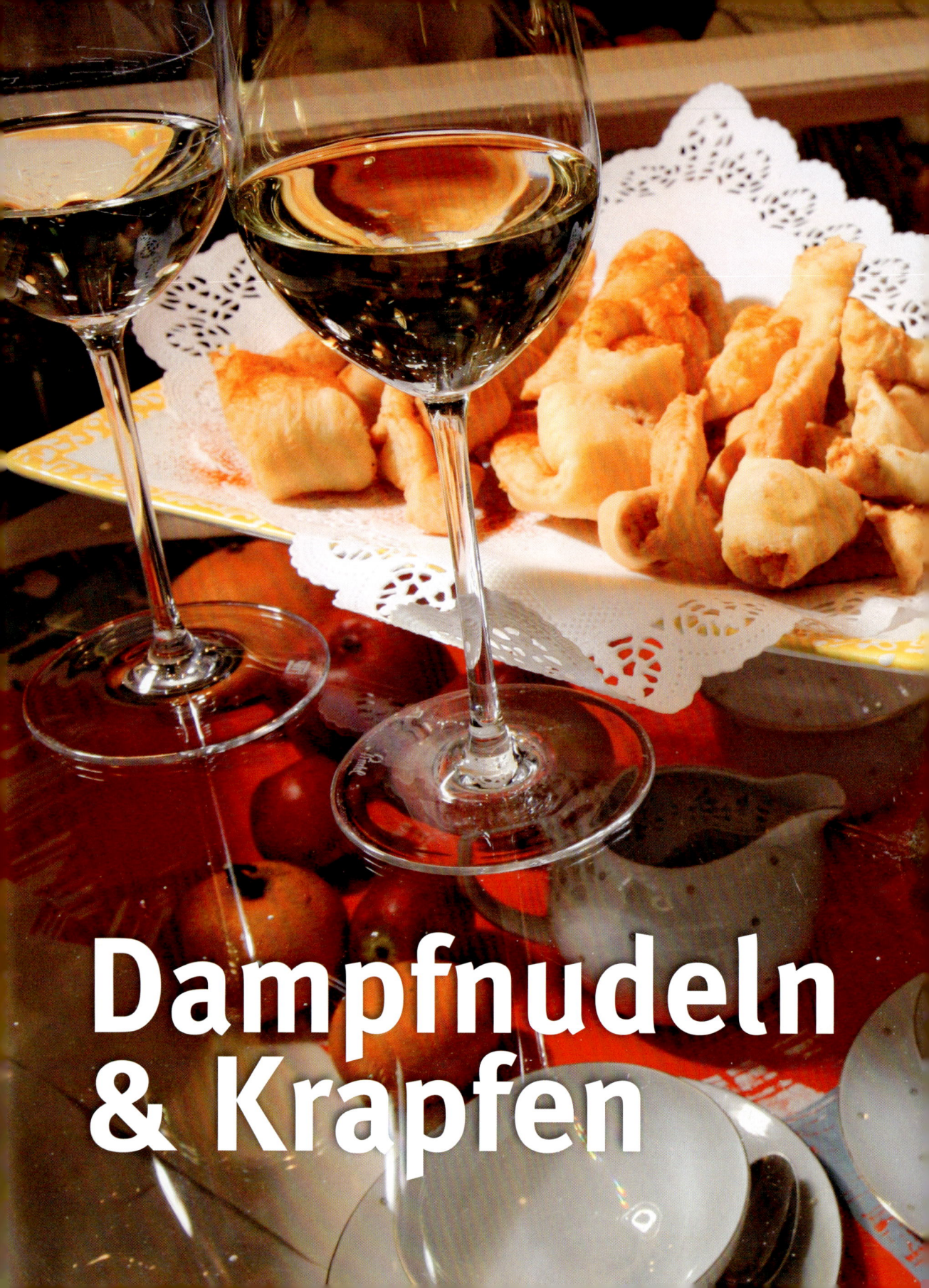

Dampfnudeln
& Krapfen

Dampfnudeln & Krapfen
Nicht nur für Karnevalisten!

Duftig, locker, mal süß, aber auch mal herzhaft gefüllt – so liebt man dieses Gebäck nicht nur während des Karnevals und zu Silvester. Und wir versprechen: Wenn man sie selber macht, schmecken sie so unglaublich gut, dass man für die gekauften Krapfen verloren ist. Keine Angst, dass das alles zu kompliziert wird: All unsere Krapfen und Nudeln entstehen aus ein und demselben Teig. Ob sie am Ende süß oder salzig sind, bestimmt man mit der entsprechenden Zuckermenge. Es ist ein Hefeteig, der wirklich niemanden schrecken muss. Er ist nämlich viel einfacher als sein Ruf!

Grundrezept Hefeteig

1 Das Mehl in die Rührschüssel der Küchenmaschine sieben. Die Hefe mit einem guten Schuss lauwarmer Milch in einer Tasse auflösen, in eine Kuhle im Mehl schütten und zugedeckt 10 Minuten gehen lassen.

2 Die Maschine einschalten. Die flüssige Butter, den Zucker und das Salz, die Eier, Zitronensaft und die abgeriebene Zitronenschale zufügen, dabei so viel Milch angießen wie nötig. Kneten, bis der Teig sich glatt von der Schüssel löst.

3 Anschließend den Teig an einem warmen Ort gut zugedeckt noch einmal mindestens 30 Minuten gehen lassen, bis die Menge sich etwa verdoppelt hat. Dann erneut durchwalken und auf einer bemehlten Arbeitsfläche ca. 2 Zentimeter dick ausrollen. Nun den Teig nach dem jeweiligen Rezept weiterverarbeiten.

ZUTATEN

Für sechs Personen:

500 g Mehl
½ Würfel Hefe
ca. 125 ml Milch
100 g Butter
½ TL Zucker
½ TL Salz
(für den süßen Hefeteig: bis zu 100 g Zucker und 1 Prise Salz)
2 Eier
1 EL Zitronensaft
abgeriebene Zitronenschale

TIPP

Man kann Hefeteig süß und salzig zubereiten. Wie süß oder salzig man ihn haben möchte, ist natürlich Geschmackssache. In jedem Fall gehört an die salzige Variante eine gute Prise Zucker – und an die süße ein Prise Salz!

Krapfen oder Berliner Pfannkuchen

Man liebt dieses Schmalzgebäck ja nicht nur dort, wo Karneval gefeiert wird – die Berliner zum Beispiel, bei denen diese Krapfen Pfannkuchen heißen (alles ganz schön verwirrend!), kennen keinen Karneval oder Fasching. Es gibt sie mit oder ohne Marmeladenfüllung – die sparsamen Schwaben zum Beispiel verzichten gänzlich darauf! In jedem Fall müssen sie absolut frisch sein, dann sind sie eine Offenbarung. Und ganz wichtig: Sie müssen mit Butter gemacht werden, nur dann schmecken sie einfach umwerfend!

ZUTATEN

Für sechs bis acht Stück:

1 Portion süßer Hefeteig
Butterschmalz zum Ausbacken
150 g Himbeer- oder
Aprikosenkonfitüre
Puderzucker zum Bestäuben

1 Den Teig wie beschrieben ansetzen, mit einer Zuckermenge nach Geschmack zubereiten, gehen lassen und ausrollen. Nun mit einem Glas oder einer Tasse runde Stücke von etwa 5 Zentimetern Durchmesser ausstechen, Bällchen daraus formen. Die Bällchen auf der bemehlten Arbeitsfläche oder einem Backbrett gut zugedeckt nochmals etwa 10 Minuten gehen lassen.

2 Dann in heißem Fett schwimmend (Friteuse, im Wok oder in einem schmalen, hohen Topf) von jeder Seite etwa 2 bis 3 Minuten lang ausbacken. Mit einer Schaumkelle herausheben, auf Küchenpapier gründlich abtropfen und auf einem Kuchengitter abkühlen lassen.

3 Noch warm mit der Marmelade füllen. Das geht am besten mit einer Kuchenspritze (siehe Bild unten). Vor dem Servieren – am besten noch lauwarm! – mit Puderzucker bestäuben.

TIPP

Man kann die Marmeladenfüllung auch mitbacken. Dann das ausgestochene Teigstück nochmals flach drücken oder ausrollen, in die Mitte einen kleinen Teelöffel Marmelade setzen, den Teig darüber zusammenfalten und zu einer Kugel rollen. Oder: Den Teig zentimeterdünn ausrollen, zwei Kreise ausstechen, auf einen den Marmeladeklecks setzen, mit dem zweiten Teigkreis abdecken und rundum gut zusammenkniffen. Ebenfalls rund formen und nochmals gehen lassen.

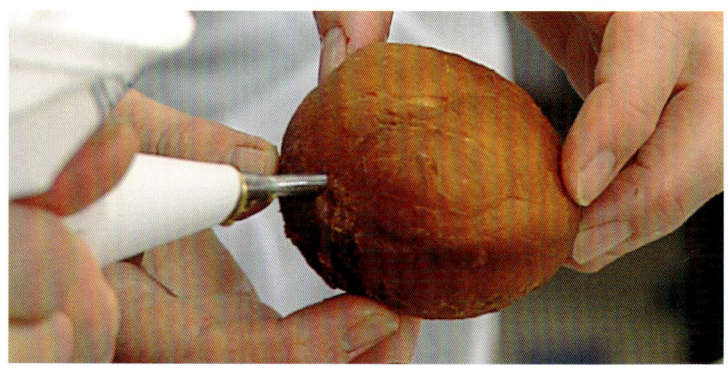

Rosinenkrapfen

So liebt man in Venedig die Krapfen zum Karneval: Fritelle veneziane.

1 Rosinen in Rum oder Maraschino einweichen. Den Teig wie beschrieben ansetzen, jedoch am Ende die Rosinen mitsamt dem Einweichschnaps sowie die Orangen- und Zitronenschale einarbeiten. Der Teig ist sehr weich und braucht nicht zu gehen. Sofort mit einem Teelöffel kleine Bällchen abstechen und im heißen Fett schwimmend knusprig-golden ausbacken.

2 Auf Küchenpapier abtropfen lassen, mit Puderzucker bestäuben und möglichst noch lauwarm essen.

GETRÄNK
Dazu passt ein lieblicher Wein, zum Beispiel aus dem Veneto, etwa ein Prosecco.

ZUTATEN
Für 15 bis 20 Stück:

75 g Rosinen
4 EL Rum oder Maraschino
1 Portion süßer Hefeteig
abgeriebene Schale von 1 Orange
und 1 Zitrone
Olivenöl oder Butterschmalz zum
Ausbacken
Puderzucker zum Bestäuben

VARIANTE:

Faschingskrapfen oder Fasnetsküchle

Für diese Krapfen einen süßen Teig wie oben beschrieben herstellen, gehen lassen und zentimeterdünn ausrollen. Mit einem Teigrädchen Quadrate, Rauten oder Dreiecke ausschneiden, nicht größer als eine Streichholzschachtel! Schwimmend im heißen Schmalz ausbacken. Mit Puderzucker bestäubt noch warm servieren.

Crostoli

Ganz dünne Blätter aus Hefeteig, die ebenfalls frittiert werden. Man kann sie aus süßem Hefeteig zubereiten, wir lieben sie jedoch aus salzigem, als Knabberei zum Wein.

1 Den Teig ansetzen und gehen lassen wie beschrieben. Dann zentimeterdünn ausrollen und mit einem Teigrädchen schmale Streifen ausschneiden. Diese mit Curry, Käse und nach Gusto auch Cayennepfeffer bestreuen; alles behutsam ein wenig in den Teig drücken. Die Streifen dann auf Fingerlänge kürzen, jeweils einen Schnitt in die Mitte setzen und durch diesen Schlitz ein Ende der Streifen hindurchziehen, sodass eine Schleife entsteht.

2 Jetzt nicht mehr gehen lassen, sondern sofort im heißen Fett schwimmend knusprig ausbacken. Auf Küchenpapier gut abtropfen lassen – auch dieses Gebäck schmeckt am allerbesten lauwarm. Wer mag, bestäubt es jetzt noch durch ein sehr feines Sieb mit süßem Delikatesspaprika.

ZUTATEN

Für ca. 30 Stück:

1 Portion salziger Hefeteig
1 TL Currypulver
50 g Parmesan
evtl. Cayennepfeffer
evtl. ein wenig Delikatesspaprika

GETRÄNK

Ein frischer Weißwein, etwa ein leichter Riesling Kabinett von der Nahe oder der Mosel.

Rund ums Frittieren

Wer gerne Fettgebackenes isst und daher häufig frittiert, wird sich irgendwann einmal eine Fritteuse anschaffen, die ihm alle diesbezüglichen Fragen beantwortet. Um ab und zu einmal was auszubacken, ist so ein Gerät weniger geeignet: Es nimmt viel Platz weg und man braucht eine ordentliche Menge Fett (das außerdem spätestens nach dem zweiten Mal gewechselt gehört), bis der Topf ordnungsgemäß gefüllt und einsatzbereit ist.

In solchen Fällen empfehlen wir den Wok, die chinesische Universalpfanne, die sich nach unten verjüngt, sodass man mit wenig Fett auskommt und trotzdem an der Oberfläche ausreichend Platz für die auszubackenden Zutaten hat.

Welches Fett? In jedem Fall sollte es eines sein, das hohe Temperaturen schadlos übersteht: Erdnuss-, Sonnenblumen-, Sojaöl, natürlich Olivenöl, das sich so perfekt wie kaum ein anderes zum Frittieren eignet, oder Schmalz; für süßes Fettgebäck lieber Butter- als Schweineschmalz verwenden.

Die richtige Temperatur

Wie heiß darf oder soll das Fett sein? Zwischen 175/180 und 190 °C. Eine niedrigere Temperatur ist ungeeignet, weil die Zutaten nicht bräunen, sondern sich mit Fett vollsaugen und schwer und unbekömmlich werden. Höhere Hitze ist schädlich, weil darin das Gebäck außen rasch dunkel wird, bevor es innen gart.

Ob das Fett diese Temperatur erreicht hat, lässt sich auch ohne Thermometer überprüfen: Werfen Sie einen Brotwürfel ins heiße Fett, das bereits Schlieren bildet und ganz zarten Rauch zeigt – er muss darin sofort losbrutzeln und bräunen, nicht verbrennen! Oder halten Sie ein Holzstäbchen hinein, es kann auch der Stiel eines hölzernen Kochlöffels sein: dicke Bläschen sollten daran rasch emporsteigen. Jetzt darf man das Frittiergut einfüllen, nicht zu viel allerdings, weil sonst die Temperatur zu sehr absinkt. Alles muss frei darin schwimmen können. Und die Temperatur sollte so geregelt werden, dass die Hitze auf gleichem Niveau bleibt.

Und wie entsorgt man das ausgebrauchte Fett? Was nach dem Abkühlen erstarrt, ist gar kein Problem: In Zeitungspapier gewickelt, gehört es in den Restmüll, wo es bei der Verbrennung dafür sorgt, dass alles noch besser lodert. Flüssiges Fett lässt man ebenfalls abkühlen, füllt es in ein Schraubglas oder eine Flasche, die verkorkt oder zugeschraubt ebenfalls in den Restmüll wandert. Auf keinen Fall kippt man es in den Ausguss!

Herzhaft gefüllte Dampfnudeln

Hat nichts zu tun mit dem mit Senf gefüllten Scherzartikel! Diese Variante schmeckt umwerfend gut und ist die richtige Stärkung, wenn man sich im Faschings- oder Partygetümmel verausgabt hat. Wieder wird derselbe Teig verwendet – aber diesmal eine andere Garmethode, das ergibt ein völlig neues Gericht.

1 Den Teig wie beschrieben ansetzen und gehen lassen. Für die Hackfleischfüllung das Brötchen mit heißer Milch beträufeln und einweichen.

2 Die Zwiebel fein würfeln (oder reiben) und in der heißen Butter andünsten. Den sehr fein gewürfelten Speck zufügen und mitbraten. Den Knoblauch durch die Presse gedrückt dazugeben. Ebenso die entkernten und fein gewürfelten Chilis und die gehackte Petersilie. Diese Mischung abkühlen lassen und mit dem ausgedrückten Brötchen und dem Hackfleisch mischen. Die Masse sehr gut würzen: mit Salz, Pfeffer, etwas Delikatesspaprika, Worcestershiresauce und gern auch mit Kreuzkümmel und dem wundervoll exotischen Bockshornklee. Zum Schluss den Senf untermischen.

3 Den Teig zentimeterdick ausrollen. Kreise ausstechen und jeweils 1 Esslöffel Füllung in die Mitte setzen. Den Teig darüber verschließen und Bällchen formen. Darauf achten, dass nirgends eine Öffnung reißt, durch die Fleischsaft auslaufen könnte.

ZUTATEN

Für vier bis sechs Personen:

1 Portion salziger Hefeteig

Füllung:

½ Brötchen vom Vortag
125 ml Milch
1 Zwiebel
2 EL Butter
50 g gewürfelter Speck
2-3 Knoblauchzehen
1-2 Chilis (je nach Schärfebedürfnis)
glatte Petersilie
250 g gemischtes Hackfleisch
Salz, Pfeffer
etwas Delikatesspaprika
1 Spritzer Worcestershiresauce
nach Belieben gemahlener
Kreuzkümmel und Bockshornklee
1 TL Senf
Paprikapulver zum Bestäuben

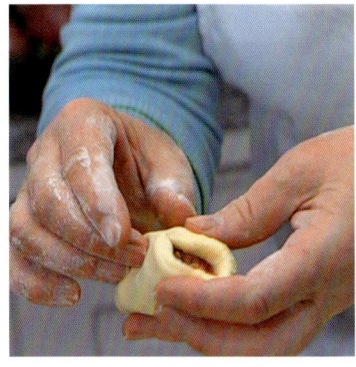  

4 Die gefüllten Teigbällchen, die Nahtstelle nach unten, auf einer bemehlten Fläche nochmals gehen lassen. Anschließend mit etwas Abstand voneinander auf ein mit Öl eingepinseltes Dämpfsieb setzen. Zugedeckt über Dampf etwa 8 bis 10 Minuten garen. Die gefüllten Dampfnudeln sind dann aufgegangen, prall, und die Füllung ist gar.

BEILAGE
Man isst sie aus der Hand als kleinen Imbiss oder mit einem Salat als ganze Mahlzeit. Mundgerechte kleine Dampfnudeln sind hübsche Häppchen zum Aperitif.

GETRÄNK
Ein herzhafter Gewürztraminer, aus dem Elsass oder aus der Pfalz.

Dampfnudeln

Süße Dampfnudeln – das klassische Lieblingsgericht aller großen und kleinen Kinder. Man kann sie übrigens auch aus ungezuckertem Hefeteig zubereiten, sie sind dann weniger süß – schließlich bekommen sie durch den Karamell, in dem sie gar gedämpft werden, eine gewisse Süße! Salzige Dampfnudeln werden in Butter angedünstet, mit einer guten Prise Salz gewürzt und dann mit Wasser oder Brühe angegossen.

1 Den Teig wie beschrieben ansetzen und gehen lassen. 2 Zentimeter dick ausrollen und mit einem Glas oder einer Tasse Kreise ausstechen. Die runden Teigstücke zu Bällchen formen und auf einer bemehlten Arbeitsfläche nochmals gehen lassen.

2 In einem breiten, möglichst schweren Topf, der die Hitze gut leitet, die Butter schmelzen und den Zucker darin sanft karamellisieren. Die Hefebällchen nebeneinander hineinsetzen, sodass sie sich eben berühren.

3 Die Mich angießen – sie kocht sofort auf – und unverzüglich den Deckel auflegen. Ca. 5 bis 8 Minuten dämpfen. Ob die Dampfnudeln gar sind, kann man hören: Dann knackt's und knistert's im Topf. Und man kann es riechen: Es riecht nicht mehr nach Teig, sondern duftet nach Mehl.

BEILAGE

Zu süßen Dampfnudeln passen am besten eine Vanillesauce, Apfelkompott oder auch eine Sauce aus pürierten Himbeeren.
Salzige oder neutrale Dampfnudeln eignen sich gut als Happen zum Glas Wein oder sind eine wunderbare Beilage zu Gerichten mit viel Sauce, zum Beispiel zu Gulasch.

ZUTATEN

Für vier bis sechs Personen:

1 Portion Hefeteig (mit Zucker
nach Geschmack)
2 EL Butter
2 EL Zucker
½ Tasse Milch oder Wasser

TIPP

Die Dampfnudeln nicht in einem Topf oder einer Pfanne mit Beschichtung zubereiten, darin bekommen sie nicht das begehrte knusprige Füßchen. Am besten ist ein schwerer Topf aus Gusseisen.

Gefüllte Buchteln

Wieder dasselbe: Entweder süß oder salzig. Wenn das Hefegebäck statt im Dampf oder im heißen Fett im Backofen gebacken wird, nennt man es Buchteln. Süß werden sie mit Konfitüre gefüllt, salzig mit Hackfleisch.

1 Den Teig wie beschrieben ansetzen und gehen lassen, dann fingerdick ausrollen. Mit einem Glas oder einer Tasse Kreise ausstechen. Jeweils 1 Esslöffel Konfitüre oder Hackfleischfüllung in die Mitte setzen, den Teig darüber zusammendrücken und zu Bällchen formen. Mit der Naht-stelle nach unten nebeneinander, mit ganz wenig Abstand, in eine ge-butterte, feuerfeste flache Form setzen.

2 Nochmals 15 Minuten gehen lassen. Dann mit flüssiger Butter ein-pinseln und bei 200 °C Ober- und Unterhitze (180 °C Heißluft) etwa 25 Minuten backen, bis die Buchteln schön aufgegangen und goldbraun geworden sind.

3 Die süßen Buchteln mit Puderzucker bestäuben und noch warm ser-vieren.

BEILAGE

Die salzigen Buchteln sind als Happen zum Aperitif sich selbst genug. Zusammen mit einem Salat sind sie sogar durchaus eine ganze Mahl-zeit. Zu den süßen passt natürlich noch Vanillesauce, Sauerkirsch- oder Pflaumenkompott.

GETRÄNK

Kaffee zu den süßen Buchteln! Wir haben allerdings dazu eine herrliche süßwürzige Spätlese aus dem Wallis in der Schweiz getrunken, eine Grain Noble Confident Ciel. Und die salzigen Buchteln brauchen natür-lich einen trockeneren Wein oder Aperitifsekt.

ZUTATEN

Für vier bis sechs Personen:

1 Portion süßer Hefeteig
150 g Himbeer-, Aprikosen- oder Johannisbeerkonfitüre
(oder 1 Portion Hefeteig, salzig, und ½ Rezept Hackfleischfüllung, siehe Rezept Seite 30)
ca. 100 g Butter, zum Bestreichen und für die Form
Puderzucker zum Bestäuben

Ingwer & Co

Ingwer & Co

Ganz Asien in einem Gewürz

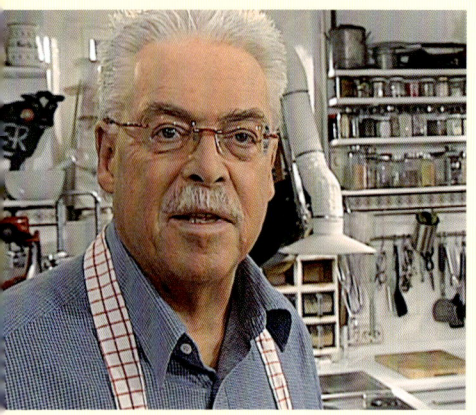

Ingwer ist ein aus den Küchen Asiens nicht wegzudenkendes Grundgewürz, das für den charakteristischen Duft sorgt. Aber auch bei uns ist Ingwer beileibe nicht so exotisch, wie man denken könnte. Vor allem seine Heilwirkung ist schon lange bekannt. Bereits in alten Kochbüchern aus dem 19. und frühen 20. Jahrhundert wird Ingwer bei uns verwendet. Er gibt den unterschiedlichsten Speisen immer ein geheimnisvolles Aroma und passt einfach zu allem. Längst ist es auch kein Problem mehr, frischen Ingwer zu bekommen; er liegt völlig selbstverständlich in allen Supermärkten, bei jedem Gemüsehändler – man muss also keinen Asia-Laden dafür aufsuchen. Und es ist absolut überflüssig, getrockneten Ingwer zu benutzen, der im Vergleich gar nichts vom Duft und Geschmack des frischen bringt.

Ingwer – die reinste Medizin

Seine gesundheitlichen Vorteile sind beträchtlich: Ingwer wirkt antibakteriell, antioxidativ und entzündungshemmend. Er fördert die Blutzirkulation, damit auch den Kreislauf sowie die Magensaft- und Speichelbildung. Er unterstützt die Galle bei ihrer Arbeit, lindert Brechreiz und Übelkeit. Er besänftigt Magen- und Darmprobleme, hilft bei Verdauungsschwierigkeiten, löst Völlegefühl, befreit von Magendruck und Blähungen. Ingwer kann Kopfschmerzen lindern, Hustenreiz lösen und wirkt bei Erkältungskrankheiten befreiend: heißer Ingwertee – und der Druck auf den Kopf lässt nach. Ingwer ist also tatsächlich nicht nur ein universelles Gewürz, sondern regelrechte Medizin.

Warenkunde

Bei **Ingwer** (links) handelt es sich um den knollenartigen Wurzelstock einer Pflanze, deren schilfähnliche Blätter kaum Verwendung finden. Es ist keine Wurzel, sondern mehr ein verzweigtes Geäst – Rhizom sagt der Fachmann dazu. Bei uns kommt meist die reife Knolle in den Handel, sie sollte prall sein, fest, geweihähnlich verzweigt und mit straffer, seidig glänzender brauner Haut. Das Fleisch darunter sollte saftig sein, cremig weiß bis leuchtend gelb und möglichst keine Fasern haben. Nur zu bestimmten Jahreszeiten gibt es den ganz zarten jungen Babyingwer, der noch ganz hell ist, keine braune Haut entwickelt hat und rosa Triebe zeigt. Er ist erheblich milder als der ausgewachsene Ingwer, weniger scharf und kann deshalb ruhig verschwenderisch, fast wie Gemüse verwendet werden.

Galgant (rechts oben) – eine dem Ingwer verwandte und ähnliche Pflanze. Das Rhizom ist heller, knorzeliger und wirkt durch regelmäßige rosa Querlinien wie gestreift. Je älter die Knollen sind, desto dunkler und bräunlicher werden sie, umso deutlicher bilden sich im Fleisch von der Schale her zähe, feste Stacheln, die man herausschneiden muss. Der charakteristische, medizinisch strenge Geschmack vom Galgant erinnert an Kampfer und Pinienharz. In der Thai-Küche ist Galgant ein unverzichtbares Gewürz, das vielen Gerichten den typischen Geschmack verleiht. Er steckt in jeder Thaicurrypaste, aber er gehört auch frisch in Salate, in Dips und in die berühmte Nationalsuppe: tom yam (siehe unsere Kokossuppe Seite 40).

Fingeringwer (rechts unten), thailändisch kra chai – ebenfalls ein Rhizom, das mit seinen schlanken Auswüchsen tatsächlich an die Finger einer Hand erinnert. Die dünne Haut wird abgeschabt oder geschält, das saftige Fleisch wie Ingwer oder Galgant fein gewürfelt oder gerieben. Auch er ist fester Bestandteil der Thaiküche. Fingeringwer passt besonders gut zu dunklem Fleisch, zum Beispiel Hirsch oder Lamm.

Einkauf & Vorräte

Ingwer gibt es mittlerweile in jedem guten Supermarkt – der beste kommt aus Thailand. Brasilianischer Ingwer ist oft unangenehm faserig und hat ein weniger ausgeprägtes, nicht so fruchtiges Aroma. Und der chinesische Ingwer hat oft eine bläuliche Farbe, die wenig appetitlich wirkt. Im Gemüsefach des Kühlschranks bleibt Ingwer 2 bis 3 Wochen wunderbar frisch, vor allem, wenn man ihn in einer Plastiktüte vor dem Austrocknen schützt.

Galgant bleibt leider nicht so lange frisch. Die zu Beginn appetitlich weißen Wurzelknollen mit ihren rosa Ringen färben sich bereits nach 1 Woche dunkler, werden bräunlich, und es beginnen verhärtende Warzen ins Innere zu wachsen. Wer also guten Galgant hat kaufen können, sollte ihn möglichst sofort wie im Tipp beschrieben hacken und einfrieren.

Fingeringwer hält eine gewisse Lagerzeit im Kühlschrank besser aus, er verliert allerdings an Saft, und sein typisches Aroma lässt nach etwa 8 bis 10 Tagen nach.

TIPP

Man kann Ingwer gut einfrieren. Dazu sollte man ihn schälen, fein würfeln und auf einem mit Klarsichtfolie belegten, flachen Tablett höchstens einen halben Zentimeter hoch verteilen. Dann kann man jederzeit die benötigte Menge abbrechen, wie ein Stück von einer Schokoladentafel.

Chinesisches Schweinefleisch mit Lauch und Ingwer

In den Küchen Asiens wird Ingwer meist zusammen mit Knoblauch verwendet, als dritte Basiswürze gehört noch Sesamöl dazu – mit diesem Dreiklang entsteht sofort das authentische Parfum eines original chinesischen Essens. Wie viel Ingwer man verwendet, ist natürlich Geschmackssache. Vielleicht muss man sich auch erst an die fruchtige Schärfe der ätherischen Öle gewöhnen. Vom milderen Babyingwer kann man gleich drei- bis viermal mehr nehmen als vom intensiv-würzigen ausgereiften Ingwer.

ZUTATEN

Für vier Personen:

1 walnussgroßes Stück Ingwer
2-3 Knoblauchzehen
1 getrocknete oder 2 frische Chilischoten
2 Lauchstangen
2 EL getrocknete Mu-Err-Pilze (chinesische Morcheln)
2 Schweineschnitzel (à 150 g)
1 EL Speisestärke
2 TL Sesamöl
2 EL Sojasauce
2 EL neutrales Öl
Salz, Pfeffer
1 TL Zucker
3 EL Reiswein oder Sherry
evtl. 2-3 EL Brühe
Koriandergrün

1 Ingwer schälen und sehr fein würfeln: erst längs in Scheiben, dann längs in Streifen, schließlich quer in Würfel, ebenso den Knoblauch. Die getrocknete Chilischote nur zerkrümeln (die Kerne zuvor herausschütteln), die frischen entkernen und mit dem Messer ebenfalls fein würfeln.

2 Den Lauch putzen, gründlich waschen, welke und zu feste Außenblätter entfernen. Möglichst nur das Weiße oder Zart-Hellgrüne verwenden, schräg in dünne Scheiben schneiden. Die Pilze mit kochendem Wasser bedecken und 15 Minuten einweichen. Die Schweineschnitzel quer zur Faser in feine Streifchen schneiden. Mit Speisestärke überpudern und das Pulver gut einreiben. Dabei 1 Teelöffel Sesamöl und 1 Esslöffel Sojasauce einarbeiten und alles gut durchkneten.

3 Erst wenn alle Bestandteile des Gerichts in Häufchen oder Schüsselchen parat liegen, geht's ans Kochen: Öl (beide Sorten) im Wok erhitzen, zuerst das Fleisch hineingeben, sofort Ingwer, Knoblauch und Chili darüberstreuen, und mit der Bratschaufel alles durchrühren. Den Lauch zufügen und mitwirbeln. Jetzt salzen und pfeffern sowie den Zucker dazugeben.

4 Die grob gehackten abgetropften Pilze in den Wok werfen und mitschwenken. Die restliche Sojasauce und den Reiswein/Sherry angießen, wenn nötig noch einen Schuss Pilzeinweichwasser. Aufkochen, dabei alles mischen und sofort auf eine Platte geben. Mit zerzupften Korianderblättchen bestreuen und servieren: In kaum 3 Minuten ist das Gericht fertig und kann serviert werden. Geschwindigkeit ist keine Hexerei, sondern chinesische Kochkunst.

BEILAGE
Duftiger weißer Reis, am liebsten thailändischer Duft- oder Jasminreis.

GETRÄNK
Grüner Tee, Pils oder ein sanfter Weißwein, Weißburgunder zum Beispiel.

Gefüllte Roastbeefröllchen

Eine hübsche Vorspeise oder auch ein kleiner Happen zum Aperitif.
Und der Beweis, dass Ingwer gar nicht zu fremdartig wirken muss.

1 Das Roastbeef sollte schön rosa gebraten sein und die Scheiben so dünn wie möglich. Die Gurke(n) schälen, längs halbieren, alle Kerne mit einem Löffel herausstreifen und längs in streichholzfeine und -kurze Streifen schneiden. Den Ingwer in noch feinere Stifte schneiden. Gurke, Ingwer und abgezupfte Korianderblättchen mischen, mit Sesamöl und Salz würzen und ziehen lassen. Dann kleine Bündel davon fassen und jeweils in die Mitte einer Roastbeefscheibe setzen.

2 Hoisinsauce mit Orangensaft glatt rühren und jeweils einen Klecks davon auf jedes Gurkenbündel setzen. Die Roastbeefscheiben mit der Gurken-Ingwer-Mischung aufrollen.

3 Die Röllchen in bissengroße Stücke schneiden. Zum Aus-der-Hand-Essen auf Salatblättern anrichten; mit ihnen kann man die Fleisch-päckchen gut anfassen und sauber zum Mund führen. Oder als Vorspeise auf einem Teller hübsch anrichten und mit einem Dip garnieren: Dafür den Ingwer reiben und mit (Oliven-)Öl, Zitronensaft und der fein ge-schnittenen Frühlingszwiebel mischen.

GETRÄNK
Ein Aperitif-Sekt oder Champagner, gut passt aber auch ein kraftvoller Riesling mit hohem Extrakt, etwa von der Terrassenmosel.

ZUTATEN
Für vier bis sechs Personen:

300 g Roastbeef
(beim Metzger fertig gekauft, in
dünne Scheiben schneiden lassen)
1 große oder 2 kleine Schlangengurken
1 kleinfingerlanges Stück Ingwer
Koriandergrün
1 TL Sesamöl
Salz
3 EL Hoisin-Sauce
3 EL frisch gepresster Orangensaft

Ingwer-Dip:
1 walnussgroßes Stück Ingwer
4 EL Öl (Oliven- oder ein neutral
schmeckendes Öl, nach Geschmack)
2 EL Zitronensaft
1 Frühlingszwiebel

Thai-Curry –
Kokossuppe mit Hähnchenfleisch

In der Thai-Küche verwendet man Ingwer gern zusammen mit Galgant mit seinem herben, fast medizinisch strengen Parfum. Und mit Fingeringwer, der hier so beliebt ist, dass man ihn sogar Thai-Ingwer nennt. Diese Kokossuppe gehört in Thailand zu den Nationalgerichten. Tom yam – man liebt sie im Süden mit Garnelen als tom yam gung und fern des Meers mit Huhn als tom yam gai. Sie ist weitaus mehr als nur eine Suppe, vielmehr ein ganzes herrliches Essen, das sich bestens vorbereiten lässt und alle Gäste begeistern wird!

ZUTATEN

Für vier Personen:

1 Brathähnchen
1 große Zwiebel
4-5 Knoblauchzehen
4-5 frische Chilischoten
je 1 5-6 cm langes Stück
Ingwer und Galgant
2 Stangen Zitronengras
4-5 Kaffir-Limettenblätter
je 6 Stängel Koriandergrün
und Thai-Basilikum
2-3 EL Fischsauce
400 ml Kokosmilch
1 Kaffir-Limette (wenn möglich)
2 Zitronen oder 3 Limetten
Salz
Zucker
4 Frühlingszwiebeln
250 g Champignons
1 EL Speisestärke
1 EL Sojasauce
2 EL neutral schmeckendes Öl
1 TL Sesamöl

1 Erst einmal kochen wir eine kräftige, intensive Hühnerbrühe: Wer klug ist, kauft dafür ein ganzes Huhn. Das ist billiger, denn man hat mehr davon. Allerdings lösen wir das Brustfleisch zuvor aus, dessen Haut sowie der Rest des Huhns wird anschließend in einen Topf versenkt. Die Zwiebel grob gewürfelt dazu, ebenso der geschälte, grob gehackte Knoblauch, 2, 3 Chilis, die abgeschnittene Schale von Ingwer und Galgant sowie die Hälfte der Knollen – die schönsten Stücke zum Servieren beiseitelegen. Die äußeren Blätter vom Zitronengras, die Hälfte der Limettenblätter sowie die abgezupften Kräuterstiele (die Blätter zum Servieren beiseitelegen) ebenfalls in den Suppentopf geben. Das Ganze großzügig mit Wasser bedecken, 2 Esslöffel Fischsauce zufügen und leise etwa 2 Stunden köcheln. Nach 1 Stunde allerdings die Keulen abtrennen und das Fleisch von den Knochen lösen. Haut und Knochen dürfen zurück in den Topf und noch weiter auskochen.

2 Am Ende haben wir: ca. 1 ½ Liter kräftige, durchgesiebte Brühe, das ausgelöste Keulenfleisch (in der Zwischenzeit säuberlich gewürfelt) und das rohe Brustfleisch.

3 Die Brühe wird nochmals aufgesetzt und mit der Kokosmilch 30 Minuten im offenen Topf leise eingekocht, dabei die abgeschnittene Schale einer Kaffir-Limette (oder Zitrone/Limette) mitkochen. Sie wird am Ende herausgefischt und die Brühe mit viel Zitronensaft, Salz und Zucker sehr kräftig abgeschmeckt: Sie soll schön säuerlich sein und intensiv nach Kokos schmecken.

 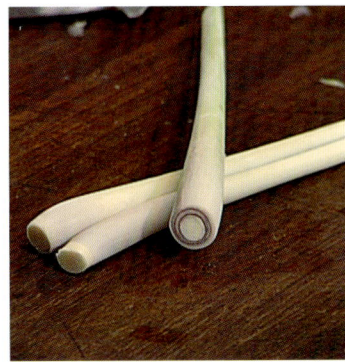 

4 Fertigstellen: Die Brühe aufkochen, in Stücke geschnittene Zitronenschale, die klein gezupften Limettenblätter, frische Chilis nach Gusto
(entweder im Ganzen oder mit der Messerschneide zerquetscht oder in
Würfel geschnitten – ganz nach Belieben scharf oder lieber mild), den
in feine Scheibchen geschnittenen restlichen Ingwer und Galgant, auch
Scheibchen von 1 bis 2 Frühlingszwiebeln und geviertelte oder in
Scheiben geschnittene Champignons zufügen. Das rohe Brustfleisch in
zentimeterkleine Würfel schneiden, mit Stärke einreiben und mit Sojasauce würzen und in diesem Kokossud 2 Minuten gar ziehen lassen.

5 Servieren: Die duftende weiße Suppe in große Schalen füllen, reichlich frische, nur zerzupfte Kräuter obenauf geben. Das gekochte Keulenfleisch mit Zitronensaft, Öl, reichlich in feine Scheibchen geschnittener
Frühlingszwiebel, Koriander und Basilikum anmachen und auf Salatblättern anrichten. Getrennt zur Kokossuppe reichen.

BEILAGE
Natürlich duftender Thai-Reis.

GETRÄNK
Ein kerniger Wein mit blumigem Aroma, zum Beispiel ein Muskateller
vom Kaiserstuhl. Oder Ingwertee – ganz einfach: Ingwer in Scheibchen
in ein Glas, Tasse oder Kanne, mit heißem Wasser auffüllen und ziehen
lassen. Zucker nach Geschmack.

Ingwersauce

Eine prima Grill- oder Fonduesauce. Gut auch zu gekochtem Rindfleisch – ein rasch bereitetes Essen, wenn zum Beispiel vom Siedfleisch etwas übrig geblieben ist. Und natürlich immer prima zum Steak oder Kotelett!

1 Ingwer, Galgant, Fingeringwer, entkernte Chilis, Knoblauch, Zwiebel schälen, fein würfeln und in Öl andünsten. Chili- und Hoisin-Sauce zufügen, mit Brühe auffüllen und mit Fischsauce, Zitronensaft sowie Zucker würzen. Ca. 10 Minuten leise zugedeckt zu einer dicklichen Sauce kochen. Kann man heiß und kalt servieren.

2 Servieren: Über in feine Scheiben geschnittenes Fleisch (Roastbeef, Kalbsbraten, gekochte, gepökelte Zunge) verteilen, das auf Scheiben von frischer Gurke angerichtet ist. Außerdem rote Zwiebeln in feine Segmente schneiden, rasch im Wok pfannenrühren und als Garnitur darübergeben.

ZUTATEN

Für vier bis sechs Personen:

Je 1 daumenlanges Stück
Ingwer und Galgant
3-4 Fingeringwer
3-4 Chilis
(scharf oder lieber mild nach Gusto)
4-5 Knoblauchzehen
1 Zwiebel
2 EL neutrales Öl
1 TL Sesamöl
1 EL Chilipüree oder Chilisauce
(Asia-Laden)
3 EL Hoisin-Sauce
4 EL Brühe
1 EL Fischsauce
2 EL Zitronensaft
1 gehäufter EL brauner Zucker

TIPP

Man kann die Sauce glatt pürieren; schöner allerdings ist es, wenn man Stückchen darin spürt. Das bedeutet jedoch, dass man die Zutaten allesamt möglichst fein und schön gleichmäßig zerkleinern muss.

Crème Caramel mit Ingwer

Ganz einfach und für Gäste ideal, weil man alles schon am Vortag produzieren muss und das Dessert fix und fertig im Kühlschrank wartet.

1 Den Zucker in einem Topf ohne jede weitere Zutat schmelzen, dann walnussbraun werden lassen: in diesem Moment den Topf vom Feuer ziehen und den jetzt schnell nachdunkelnden Karamell in 4 bis 6 Förmchen verteilen. Dabei sehr zügig arbeiten, weil der Karamell in den kalten Förmchen fast sofort erstarrt und er überall den Boden bedecken sollte.

2 Im selben Topf Milch und Sahne aufkochen. Zucker, Zitronenschale sowie die Schale vom Ingwer zufügen und neben dem Herd einige Minuten ziehen lassen. Unterdessen Eier und Eigelb in einer Schüssel glatt quirlen. Die Milch nochmals aufkochen und durch ein Sieb kochend heiß zu den Eiern gießen. Jetzt den sehr fein geriebenen Rest des Ingwers unter die Masse rühren.

3 Die Ingwer-Ei-Mischung auf die vorbereiteten Förmchen verteilen, anschließend in eine Braten- oder Auflaufform stellen (mit einer Lage Zeitungspapier auslegen, damit die Hitze abgemildert wird). Die Form in den vorgeheizten Backofen stellen (150 °C Ober- und Unterhitze/ Heißluft 130 °C). Erst jetzt mit heißem Wasser so weit auffüllen, dass die Förmchen weitgehend davon umgeben sind.

4 Die Creme etwa 50 Minuten stocken und anschließend im Ofen auskühlen lassen. Bis zum nächsten Tag kalt stellen.

5 Servieren: Die Crème Caramel aus den Förmchen auf einen Teller stürzen. In der Zwischenzeit hat sich der Karamell aufgelöst und umfließt die Creme wie eine goldene Sauce.

GETRÄNK
Dazu passt ein starker Kaffee oder Espresso.

ZUTATEN
Für vier bis sechs Personen:

150 g Zucker für den Karamell
250 ml Milch
250 ml Sahne
3 gehäufte EL Zucker
etwas abgeriebene Zitronenschale
1 daumenlanges Stück Ingwer
4 ganze Eier
2 Eigelb

Messerscharfe Messer!

Das wichtigste Handwerkszeug in der Küche sind die Messer. Aber wenn sie nicht gut geschärft sind, nützen auch die besten Exemplare nichts. Und weil sich auch die schärfsten Klingen bei der Arbeit abnutzen, muss man sie zwischendurch immer wieder schärfen.

Im richtigen Winkel schärfen

Das zweckmäßige Instrument dafür ist der sogenannte Wetzstahl, ein gut fingerstarker, gerillter Eisenstab, an dem entlang man mit zügigen Bewegungen die Messerklinge auf und ab bewegt. Wichtig ist dabei der richtige Winkel, etwa 15 bis 20 Grad, durch den die Klinge auch tatsächlich zugespitzt und geschärft und nicht etwa noch stumpfer wird. Ein Wetzstahl ist meist mit einem handlichen (Holz-)griff versehen, damit man das Gerät gut halten kann. Und mit einem Schutz ausgestattet, damit man sich nicht unversehens in den Finger schneidet. Während nämlich die meisten Laien die Klinge mit der Schneide zu sich halten und am Stahl vom Körper weg ziehen, schieben die Profis das Messer zu sich her, also in Richtung haltende Hand.

Der längliche Wetzstein, der sich oben und unten verjüngt, liegt nicht so gut in der Hand, ist aber für den geübten Benutzer ebenso simpel und einfach einzusetzen.

Den uralten Trick der Großmutter, die ihre Messer an der Unterseite eines Keramiktellers wetzte, nehmen die „Schärfbank" und der „Schärfhut" wieder auf. Zwei überaus praktische Gegenstände, beide ebenfalls aus Keramik, robust und einfach zu bedienen. Vor allem der Schärfhut, weil dessen Spitze so konstruiert ist, dass man automatisch den richtigen Schärfwinkel erreicht, wenn man das Messer genau so hält, als ob man eine Tomate schneiden wollte. Man kann also kaum etwas falsch machen, wenn man das Messer beim Schleifen einfach senkrecht rechts und links daran entlangzieht. Deshalb ist dies wohl das am sichersten funktionierende Gerät für Hände, die in solch technischen Dingen vielleicht nicht so versiert sind.

Japanische Messer

Besondere Sorgfalt verdienen die höchst empfindlichen japanischen Messer mit ihren aufwendig geschmiedeten Klingen (klassisch aus rostanfälligem Stahl, neuerdings auch aus speziell geschmiedetem rostfreien Edelstahl). Bei den doppelseitig angeschliffenen Klingen kann man zur Not auch mit unseren europäischen Schärfmethoden arbeiten, weitaus bessere und wirklich nachhaltige Ergebnisse erzielt man jedoch auf den traditionellen, rechteckig-flachen Schleifsteinen aus unterschiedlich feinkörnigem Material. Sie müssen zunächst in Wasser gelegt oder zumindest angefeuchtet werden, damit der richtige Schleifeffekt eintritt. Man führt die Schneide dann in kreisenden Bewegungen die gesamte Steinoberfläche entlang – auch hier ist der richtige Winkel extrem wichtig. Im Fachhandel kann man für kleine und große Messer verschieden große Reiter zum Aufstecken finden, die garantieren, dass man den richtigen Winkel einhält.

Klingen, die nur auf einer Seite gerundet oder schräg angeschliffen, auf der anderen Seite aber gerade sind (ideal zum Gemüseschneiden, weil der durch die Schräge entstehende Andruck ein sehr exaktes Schneiden von dünnen Scheibchen ermöglicht), kann man nur auf solchen flachen Steinen schleifen – europäische Methoden zerstören die Schneiden: Man muss sie zunächst auf der schrägen Seite abziehen, dann kann man auf der geraden Seite den dort entstandenen Grat entfernen.

Alle japanischen Messer, die auf einem solchen Wetzstein korrekt geschärft werden, behalten ihre Schärfe immer bei, weil bei jedem Schärfgang auch der Grundschliff erneuert wird. Bei unseren europäischen Methoden hingegen wird nur die Spitze der Schneide nachgeschliffen, der Grundschliff dabei aber immer mehr „verbraucht". Dieser muss daher ab und zu erneuert werden. Wer also das Gefühl hat, seine Messer lassen sich nicht mehr gut schärfen oder verlieren ihre Schärfe schnell wieder, sollte ihnen einen gründlichen Neuschliff gönnen – und das mag bei heftigem Gebrauch alle ein, zwei Jahre durchaus nötig sein. Geben Sie Ihre wertvollen Messer aber nicht einem völlig unbekannten Messerschleifer, der an der Tür klingelt und seine Dienste anbietet, sondern vertrauen Sie die kostbaren Stücke lieber einem Spezialisten an – den finden Sie im Branchen-Telefonbuch unter Metzgereibedarf oder als Messerfachgeschäft.

Kochen und Würzen mit Balsamico

Kochen und Würzen mit Balsamico
Kleine Tropfen für große Wirkung

Balsamico, jener duftende, geradezu süße, ganz besondere Essig, ist regelrecht Mode geworden. Ursprünglich handelte es sich um eine sehr seltene Spezialität aus Italien, genauer aus Modena, wo man diese kostbare Würze schon seit Jahrhunderten aus eingekochtem Traubenmost herstellt. Dies ist ein aufwendiger Prozess, der sich über viele Jahre hinzieht. Aber wie es so ist: Kostbares und Seltenes will jeder haben, und so entwickeln findige Köpfe Mittel und Wege, leichter ans Ziel zu kommen und die Rarität besser verfügbar zu machen. Heute kann man eine Würze mit Namen Balsamico überall kaufen, nicht nur aus Traubensaft, sondern auch mit Feigen, Korinthen und aus Apfelsaft hergestellt. Allerdings in höchst unterschiedlichen Qualitäten. Woher diese Unterschiede rühren, worauf es bei Balsamico ankommt und wie man ihn richtig einsetzt – das wollen wir hier erklären.

Eines nämlich ist Balsamico nicht: Ein normaler Essig, mit dem man Salatmarinaden anrührt.

Was ist das eigentlich: Balsamico?

Balsamico war wie gesagt ursprünglich einmal eine Kostbarkeit: Eingekochter Traubensaft (Most) wurde mit Essigbakterien geimpft und musste dann viele Jahre in Holzfässern reifen. Dabei reduzierte sich die Flüssigkeitsmenge, das Aroma wurde intensiviert und am Ende blieb nur noch

eine Art Konzentrat übrig, von dickflüssiger Konsistenz und unglaublichem Aroma. Unterstützt wurde die Reifung, indem man den „Essig" in Fässern aus verschiedenen Hölzern lagerte, die den ihnen jeweils eigenen Geschmack der Flüssigkeit mitteilten.

Eine solche sogenannte Essigbatterie besteht aus unterschiedlich großen Fässern aus dem Holz zum Beispiel von Kirsche (50 Liter), Kastanie (40 l), Robinie (Scheinakazie, 30 l), Esche (24 l) und schließlich Eiche (20 l). Diese Abfolge bringt eine klassische Aromatik – eine solche Serie von Fässern kostet ab 2500 Euro, kann aber weit teurer werden, wenn auch Fässer aus dem Holz von Apfel, Birne, Maulbeere oder sogar Wacholder hinzukommen. In diesen Fässern, die auf dem im Winter eiskalten, im Sommer backofenheißen Dachboden stehen, verdunstet naturgemäß ein Teil des Inhalts. Ein- oder zweimal pro Jahr wird die Menge, die im kleinsten Fass verdunstet ist, aus dem nächstgrößeren aufgefüllt, dieses wiederum mit Flüssigkeit aus dem nächstgrößeren – und so fort. In das größte Fass wird jedes Jahr von Neuem immer wieder frisch eingekochter Saft gegossen. Erst nach 12 Jahren kann man dem letzten, kleinsten Fass 2 Liter entnehmen: Balsamico Tradizionale. Auch diese Menge füllt man wieder auf, aus dem vorhergehenden Fass, dieses wird wiederum aus dem nächstgrößeren nachgefüllt et cetera. So werden am Ende aus ursprünglich 1000 Litern Traubensaft kaum 50 bis 80 Liter konzentrierter und harmonischer Aceto Balsamico Tradizionale gewonnen ... Es ist klar, dass es von einem auf diese Weise produzierten Balsamico nur kleinste Mengen gibt, die praktisch unbezahlbar sind.

Der echte Aceto Balsamico

Also ist das, was wir hier in Flaschen für vergleichsweise wenig Geld kaufen können, kein echter Balsamico? Die Antwort ist: Nein!

Tatsächlich ist der Begriff „Aceto Balsamico" nicht geschützt – nur Aceto Balsamico di Modena Tradizionale und auch di Reggio Emilia unterliegen den festen Bestimmungen eines sogenannten Consorzio, einer Vereinigung, die solche Regeln erlässt. Unter dem Begriff Balsamico wird daher höchst Unterschiedliches angeboten. Wenn man Glück hat, dann handelt es sich um einen anständigen Weinessig, etwas eingekocht, mit Saftkonzentrat gesüßt und vielleicht mit Zuckercouleur gefärbt. Wenn

man Pech hat, stecken auch noch Aromastoffe und irgendwelche Dickmacher, Emulgatoren und Konservierungsstoffe drin, damit die Würze
auch in schönen Klecksen auf dem Teller steht. Deshalb immer aufs Etikett
schauen! Da steht (fast) immer drauf, was drin ist. Und wenn was drin
ist, was nicht reingehört, einfach stehen lassen!

Es hilft nur eins: Probieren – wenn der Balsamico pappig-süß ist,
würzt er nicht, sondern verklebt alles. Und Süße kann man schließlich
billiger haben. Aufpassen muss man auch, wenn eine groß auf das
Etikett gedruckte Zahl suggerieren soll, dass der Essig 5, 12 oder noch
mehr Jahre gereift ist. Dabei handelt es sich bloß um Essig aus dem
Fass (bzw. einem riesigen Edelstahltank oder gar der Lagerhalle) mit
dieser Nummer ...

Je kostbarer die Aufmachung der Verpackung, je kleiner das Fläschchen,
desto eher kann man davon ausgehen, dass es sich um ein anständiges
Produkt handelt. Umgekehrt kann man auch sicher sein, dass in der
Halbliterflasche für ein paar wenige Euro kein jahrelang gereiftes Produkt
steckt. Ob es schmeckt und einem gefällt, muss man in diesem Fall
einfach probieren. Und: Genau das Etikett studieren – es muss immer
draufstehen, was drin ist. Haltbarmacher, Aromastoffe und Verdickungs-
material haben in einem guten Produkt nichts zu suchen!

Kalbsleberscheiben mit roten Zwiebeln

Ein wunderbares Essen, im Handumdrehen fertig!

1 Die Leber im heißen Olivenöl auf beiden Seiten rasch und kräftig anbraten. Auf einen Teller legen, salzen und pfeffern. Mit Alufolie zugedeckt
bei 60 °C im Backofen warm stellen.

2 Zwiebelringe dünn hobeln und im Bratfett rösten, dabei salzen und
pfeffern und ebenfalls warm stellen. Den Bratenfond mit Wein und Balsamico loskochen und etwas einkochen. Am Ende den aus der Leber
ausgetretenen Saft zur Sauce geben und mit einkochen.

3 Servieren: Die Leberscheiben in die Tellermitte setzen und die gerösteten Zwiebelringe daraufhäufen. Die Sauce dekorativ darüber in
Klecksen verteilen, dabei auch grafische Linien auf der freien Tellerfläche
ziehen. Zum Schluss Schnittlauchröllchen gleichmäßig darüberstreuen.

GETRÄNK
Ein leichter Rotwein, zum Beispiel vom Gardasee oder aus dem Veneto.
Gut passt auch ein Chianti.

ZUTATEN
Für eine oder zwei Personen:

1-2 schöne Scheiben Kalbsleber
(gut 1 cm dick)
2 EL Olivenöl
Salz, Pfeffer
1-2 rote Zwiebeln
2 EL Rotwein
2 EL Balsamico
Schnittlauch

Marinierte Entenbrust
mit Balsamico-Äpfeln und -Zwiebeln

Ein elegantes Gericht, auch ideal, wenn Gäste kommen. Man kann die einzelnen Bestandteile gut vorbereiten und hat dann nicht mehr so viel zu tun, wenn angerichtet und serviert werden soll.

1 Zuerst die **Marinade** ansetzen: Port-, Rotwein und Balsamico mit den ganzen, geschälten Knoblauchzehen, der getrockneten, ganzen Chilischote und der Orangenscheibe in einer kleinen Kasserolle so lange leise köcheln, bis eine glänzende, sirupartige Sauce entstanden ist. Mit Salz und Pfeffer abschmecken. Knoblauch, Chili und Orangenscheibe herausfischen.

2 Unterdessen die Haut der Entenbrust mit einem scharfen Messer mit dicht gesetzten parallelen Schnitten schräg einritzen, das Fleischstück dann um 90 Grad drehen und ebenso einschneiden, damit ein exaktes Kreuzmuster entsteht. Fleisch und Haut rundum mit der Marinade einreiben und in Alufolie gewickelt eine Weile durchziehen lassen.

3 **Balsamico-Zwiebeln:** In der Zwischenzeit die Zwiebeln schälen. Das geht im Übrigen einfach, wenn man sie mit kochendem Wasser überbrüht, kurz ziehen lässt und abschließend eiskalt abschreckt. Dann ist die Haut weich und lässt sich ganz leicht abziehen. Die Zwiebelchen möglichst unzerteilt lassen – sie behalten so eine schönere Form. Falls sie zu groß sind, so zerschneiden, dass die Stücke am Wurzelende noch zusammenhängen. In einem flachen, breiten Topf, der ihnen viel

ZUTATEN
Für vier Personen:

Marinade:
125 ml Portwein
125 ml Rotwein (möglichst fruchtig:
Spätburgunder oder junger Chianti)
125 ml Balsamico
2 Knoblauchzehen
1 getrocknete Chilischote
1 Orangenscheibe
Salz, Pfeffer

2-3 ausgelöste Entenbrüste
(möglichst weibliche, sie sind zarter,
allerdings auch kleiner als männliche)
evtl. 1 TL Öl
ca. 500 g Pellkartoffeln vom Vortag

Balsamico-Zwiebeln:
500 g kleine Zwiebelchen
(Perlzwiebeln oder Cipolline,
sogenannte Grillzwiebelchen)
30 g Schmalz
(Schweine- oder Geflügelschmalz)
1 kleine Handvoll Knoblauchzehen
1 Chilischote
2 Thymianzweiglein
1 EL Majoran
je 3 EL Portwein, Rotwein
und Balsamico
Salz, Pfeffer

Balsamico-Äpfel:
4 möglichst gleich große Äpfel
(säuerlich und fest, zum Beispiel
Elstar oder Rubinette)
2 EL Butter
Salz, Pfeffer
½ TL Zucker
3 Knoblauchzehen
je 3 EL Portwein, Rotwein
und Balsamico
1 Rosmarinzweig
1 frische Chilischote

Petersilienöl:
1 kleine Handvoll Petersilienblätter
einige Salzkrümel
100 ml Olivenöl

Bodenkontakt bietet, das Schmalz erhitzen und die Zwiebeln darin anrösten. Wenn sie rundum Farbe zeigen, Knoblauch, geschält und ebenfalls unzerteilt, Chili im Ganzen und Thymianzweiglein dazu, Majoran einstreuen, schließlich Port- und Rotwein sowie Balsamico angießen. Alles salzen und pfeffern. Zugedeckt bei ganz kleiner Hitze leise schmurgeln, etwa 30 bis 40 Minuten, bis die Zwiebeln schmelzend weich sind.

4 **Balsamico-Äpfel:** Sie schmecken zur Entenbrust, aber auch zum Dessert – dann allerdings natürlich ohne Knoblauch! Die Äpfel schälen, achteln, dabei das Kerngehäuse entfernen. In einer Kasserolle die Butter erhitzen und die Apfelschnitze darin andünsten. Mit Salz und Pfeffer würzen, Zucker darüberstreuen und karamellisieren lassen, Knoblauch zufügen (unzerteilt, so kann man ihn später leicht entfernen, falls man ihn nicht mitessen mag). Port- und Rotwein sowie Balsamico angießen. Rosmarinzweig und Chilischote einlegen (nach Gusto fein gewürfelt oder im Ganzen, damit sie einen Hauch von Duft abgibt und wieder entfernt werden kann) und zugedeckt bei kleiner Hitze ca. 15 Minuten gar schmurgeln.

5 **Fertig machen:** Die Entenbrust auf der Hautseite in einer Pfanne langsam anbraten, eventuell ganz wenig Öl zufügen; aber es tritt ohnehin sehr schnell viel Fett aus, in dem die Entenbrust langsam brät. Erst wenn die Haut richtig knusprige Stellen zeigt, das Stück umdrehen und auch

von der anderen Seite kurz anbraten. Dann auf einer Platte mit Hautseite nach oben in den Backofen stellen und unter dem Grill einige Minuten knusprig rösten. Dabei immer wieder mit der Marinade bestreichen.

6 Das herrliche Entenfett, das beim Braten aus der Haut getreten ist, natürlich nicht wegkippen! Darin die in dünne Scheiben geschnittenen Kartoffeln vom Vortag zu Bratkartoffeln braten – das schmeckt umwerfend und ist obendrein eine passende „Sättigungsbeilage".

7 Servieren: In die Mitte vorgewärmter Teller die Bratkartoffeln geben. Die Entenbrust schräg in dünne Scheiben schneiden und dachziegelartig darauf anrichten. Die Balsamico-Zwiebelchen rechts und die Balsamico-Äpfel links davon setzen. Und als Farbtupfer mit Schwung eine Linie von Petersilienöl setzen: dafür einfach die Petersilienblätter mit Olivenöl glatt mixen. Dazwischen einige Tupfer Balsamico – mit wenig Aufwand eine große Wirkung.

GETRÄNK

Ein schwungvoller Rotwein, frisch und fruchtig, beispielsweise ein junger Spätburgunder aus Baden. Wir haben einen 2005er aus der Parzelle Schönberg vom Weingut Schneider in Endingen getrunken.

Kalbsmedaillons auf frischem Erbspüree

Balsamico ist eine ideale Würze für Fleisch: nach dem Anbraten ein Spritzer davon auf die Oberfläche und später zum Loskochen des Bratenfonds. So ergibt sich wie von selbst eine wunderbare kleine Sauce.

1 Die Kalbsfiletscheiben mit der Handfläche glatt streichen. In einer Pfanne in einem Gemisch aus 1 Esslöffel Butter und dem Öl auf beiden Seiten rasch anbraten. Salzen und pfeffern, in Alufolie wickeln und warm stellen. Den Bratensatz mit Balsamico, Wein und Kalbsfond los- und einkochen. Am Ende 2 Esslöffel Butter unterschwenken und abschmecken.

2 Für das Erbspüree inzwischen die Schalotte fein würfeln und in einer Kasserolle in der restlichen Butter andünsten. Erbsen zufügen und zugedeckt einige Minuten dünsten. Dann mit dem Mixstab darin einmal kurz hin- und herfahren, sodass ein Teil der Erbsen zermust wird. Mit Salz, Pfeffer und Cayennepfeffer abschmecken.

3 Servieren: Das Erbspüree als runden Klecks in die Mitte zweier vorgewärmter Teller setzen. Die Medaillons obenauf platzieren und die Sauce schwungvoll teils über die Medaillons klecksen, teils als dekorative Linie auf die freie Tellerfläche setzen. NICHT auf den Tellerrand! Der muss immer frei bleiben!

GETRÄNK
St. Magdalener aus Südtirol oder ein Sauvignon Blanc.

ZUTATEN
Für eine oder zwei Personen:

4-6 dünne Scheibchen Kalbsfilet
4 EL Butter
1 EL Olivenöl
Salz, Pfeffer
1 EL Balsamico
2 EL Weißwein
2-3 EL Kalbsfond
1 Schalotte
250 g TK-Erbsen
1 Messerspitze Cayennepfeffer

Hähnchengeschnetzeltes

Eine pfiffige, köstliche und obendrein schnelle Pastasauce.

1 Einen Topf mit gut 2 Liter Wasser aufsetzen. Sobald es kocht, das Salz und die Pasta hineingeben. Nach Anleitung auf der Packung gar kochen.

2 Inzwischen das Hähnchenfleisch in dünne Scheibchen, diese in Streifen schneiden. Mit Stärke überpudern und gut einmassieren. In einer Pfanne das Öl erhitzen, das Fleisch darin anbraten, dabei sogleich den mit der Messerschneide zerdrückten und gehackten Knoblauch, die in Scheibchen geschnittenen Frühlingszwiebeln sowie den in Streifen geschnittenen Paprika zufügen. Salzen und pfeffern, mit Balsamico und Wein ablöschen. Bei starker Hitze alles einmal kräftig durchwirbeln.

3 Die inzwischen bissfest gegarte Pasta abgießen und noch tropfnass zum Hähnchenfleisch geben. Alles gut mischen, dabei auch den Käse einarbeiten. Und am Ende noch einen kleinen Schuss frisches Olivenöl dazu. Sofort in tiefen Tellern anrichten und servieren.

ZUTATEN

Für ein bis zwei Personen:

220 g Penne, Orechiette oder Farfalle
(oder eine andere, dickere Pastasorte)
2 EL Salz
1 Hähnchenbrustfilet
1 TL Speisestärke
2 EL Olivenöl
2 Knoblauchzehen
2 Frühlingszwiebeln
½ rote Paprikaschote
Salz, Pfeffer
1 EL Balsamico
2 EL Weißwein
2-3 EL geriebener Parmesan

GETRÄNK

Sangiovese di Romagna oder Rosso Piceno aus den Marken.

Ziegenkäse mit Balsamico

Eine schöne Vorspeise oder ein kleiner Imbiss: junger Ziegenkäse auf einem Bett von Rucola, Farbe und Aroma geben Kleckse von Balsamico.

1 Den Ziegenkäse quer in dicke Scheiben schneiden. Essig, Olivenöl, Salz und Pfeffer mit einer Gabel cremig schlagen und die Rucolablätter mit dieser Marinade anmachen.

2 Servieren: Den Salat auf einem Teller anrichten und die Ziegenkäse- scheiben darauf hübsch anordnen. Mit Balsamico und Olivenöl beträufeln. Die Maracuja halbieren und das Fruchtfleisch mit einem Löffel dekora- tiv über dem Teller verteilen.

BEILAGE
Weißbrot.

GETRÄNK
Cidre, Sauvignon Blanc oder Viognier (aus der Ardèche, Italien oder sogar der Pfalz).

ZUTATEN
Pro Person:

1 kleiner, frischer Ziegenkäse
1 EL milder Essig
(zum Beispiel Apfelessig)
1 EL Olivenöl
Salz, Pfeffer
1 gute Handvoll Rucola
1-2 reife Maracujas

Zum Beträufeln:
1 EL Balsamico
1 EL Olivenöl

TIPP

In Mode gekommen sind in letzter Zeit sogenannte Balsamico-Cremes. Das ist ein sehr dickflüssiger Balsamico, mit dem man aus einer Spritzflasche auf dem Teller dekorative Linien malen kann. Allerdings werden diese Cremes meist mit Stärke angedickt (und obendrein mit Haltbarkeitsmitteln versetzt), was ihnen den Geschmack raubt und eine unschöne, klebrige Konsistenz gibt.

Wir finden: Viel mehr hat man davon, wenn man einen anständigen Balsamico rasch in einer Kasserolle einkocht, so lange, bis ein glänzender Sirup übrig bleibt. Den füllt man in ein kleines Spritzfläschchen (gibt's in der Apotheke, auch in manchen Küchenläden) und kann damit wirklich feine und elegante Linien, Tupfen und Kleckse auf die Teller setzen, die nicht nur schmücken, sondern obendrein gut schmecken – denn beim Einkochen wird ein guter Balsamico noch verstärkt und der Geschmack intensiver! (Das gilt natürlich auch umgekehrt: ein mäßiger Balsamico wird dadurch nicht besser, es werden meist die schlechten Eigenschaften verstärkt!)

Haltbarkeitsmittel sind übrigens nicht nötig – schließlich handelt es sich um nichts anderes als um ein Balsamico- Konzentrat. Sie können diesen Sirup dann bedenkenlos aufbewahren, auch außerhalb des Kühlschranks, wie Balsamico auch. Und wenn er in seinem Fläschchen ein wenig eintrocknen sollte, kann man ihn einfach wieder verdünnen: Das Fläschchen kurz in warmes Wasser tauchen, damit sich der Balsamico verflüssigt, einen Spritzer Wasser zufügen und kräftig schütteln – bis der Sirup wieder die richtige Konsistenz hat.

Gefüllte Pfannkuchen

Gefüllte Pfannkuchen

Lieblingsessen für die ganze Familie

Pfannkuchen liebt jeder! Kein Wunder – denn kaum etwas ist ähnlich vielseitig, lässt sich so unendlich variieren, kombinieren und immer wieder neu in Szene setzen. Sie sind der Stoff, aus dem man Lieblingsessen macht, ob für Groß oder Klein, ob sie es lieber herzhaft mögen oder eher Süßschnäbel sind. Hauptsache, die Pfannkuchen sind zart und duftig.

Dann kann man sie mit Spinat grün färben, mit Speck und Käse gehaltvoll oder mit karamellisierten Äpfeln süß servieren. Man kann sie pur lassen und einfach einen Salat oder Apfelmus dazu reichen. Wir haben hier ein paar Ideen zusammengestellt, was uns zu Pfannkuchen am besten schmeckt.

Perfekte Pfannkuchen

Es soll ja Leute geben, die brauchen für Pfannkuchen ein Fertigprodukt ... Dabei ist ein Pfannkuchenteig wirklich kinderleicht angerührt. Zumal, wenn man mit unserem Trick arbeitet, damit keine Klümpchen entstehen. Es kommt nämlich dabei entscheidend auf die Reihenfolge an: Erst muss man **Eier und Mehl** miteinander vermischen, bis sie sich zu einem glatten Teig – ähnlich wie ein Spätzleteig – verbunden haben. Jetzt auch salzen! Erst dann nach und nach **Milch oder Wasser** mit dem Schneebesen gründlich einarbeiten. Klappt immer – absolut klümpchenfrei!

Und wenn beim heftigen Rühren die Schüssel keinen sicheren Stand hat, einfach ein Küchentuch unterlegen!

Außerdem sollte man noch folgende Punkte beachten:

- Pfannkuchen müssen **dünn sein!** Je dünner, umso besser – lieber 2 oder 3 hauchdünne Pfannkuchen essen als einen dicken. Das liefert mehr Geschmack und man hat mehr Möglichkeiten, Gutes darin einzuwickeln ...

- Pfannkuchenteig sollte die Konsistenz von flüssiger Sahne haben. Unbedingt eine Weile **ruhen und quellen lassen,** bevor man ihn verbäckt. Deshalb ruhig bereits schon am Morgen ansetzen, wenn man mittags Pfannkuchen backen will.

- In einer **flachen, beschichteten Pfanne backen,** noch besser in zweien gleichzeitig. Bis sie die richtige Hitze erreicht haben, kann es eine Weile dauern: Sie sollten nicht zu heiß sein, weil sonst die Pfannkuchen schnell dunkle Punkte bekommen; aber auch nicht zu kalt, da der Teig dann einfach keine Farbe annimmt und alles Fett aufsaugt.

- Der erste Pfannkuchen ist misslungen? Das ist völlig normal! Erst, wenn die Pfannen die richtige Hitze gespeichert haben, geht's wie von selbst.

- Fertige Pfannkuchen auf einem Teller stapeln und am besten gleich **warm stellen** (Backofen 60 °C). Kalte Pfannkuchen lassen sich prima über Dampf oder zugedeckt in der Mikrowelle erwärmen.

- Übrig gebliebene Pfannkuchen sind eine wunderbare **Suppeneinlage:** In feine Streifen geschnittene Flädle oder Frittaten, wie man in Schwaben oder Österreich sagt.

Grundrezept Pfannkuchen

Lässt sich prima merken und man braucht nicht mal eine Waage dazu:

1 Eier und Mehl glatt rühren, Salz hinzufügen und dann langsam, unter ständigem Rühren mit dem Schneebesen, die Flüssigkeit angießen. Zugedeckt mindestens 30 Minuten stehen und quellen lassen.

2 Erst dann eine, besser zwei beschichtete Pfannen erhitzen, mit Fett ausstreichen, eine kleine Kelle Teig hineingießen und die Pfanne sofort drehen und wenden, bis der dünnflüssige Teig den gesamten Boden hauchdünn überzieht. Backen, bis sich der Rand kräuselt, dann wenden und auf der anderen Seite backen. Nach diesem Prinzip den ganzen Teig verarbeiten.

ZUTATEN
*Für vier bis sechs Personen
(12-14 Stück):*

3 Eier (180 g)
3 gehäufte EL Mehl (120 g)
1 Prise Salz
300 ml Milch (oder Wasser)
Fett zum Ausbacken: Butter,
Schmalz, Öl oder Speck –
ganz nach Geschmack

Pfannkuchen-Variationen

- Man kann den Teig unterschiedlich **würzen**: asiatisch mit Kurkuma, Curry, Sojasauce und Sesamöl, dem orientalischen Raz el Hanout oder gemahlenem Bockshornklee.
- In den Teig reichlich fein gehackte **Kräuter** rühren, blanchierten, pürierten **Spinat**, geriebene **Möhren** oder Tomatenpüree, und so die Pfannkuchen grün sprenkeln bzw. grün, orange oder rot einfärben.
- Zunächst eingeweichte **Senfsamen** in die Pfanne geben, und erst wenn sie anfangen zu brutzeln, den Teig darübergießen ...
- ... oder **Sesamsamen**, die zuerst in der Pfanne geröstet werden, bevor der Teig eingefüllt wird.
- Mit der Julienne-Reibe feine **Zucchinistreifen** in die Pfanne hobeln, kurz andünsten, salzen und pfeffern und dann den Teig darübergeben. Je nach Geschmack noch ein paar Chiliringe obenauf streuen.

- Auch **Zwiebelringe** nehmen: zuerst in der Pfanne kurz anrösten, bevor mit Teig aufgefüllt wird. Zuvor auch salzen und pfeffern, denn der Teig ist relativ neutral im Geschmack. Ebenso kann man dies mit **Lauchringen, Tomatenwürfeln, Champignonscheiben, Speckstreifen, dünnen Fenchelscheibchen, Pinienkernen** oder **Käseraspeln** tun.
- Dünne Scheiben von gekochten **Kartoffeln** mit Zwiebelringen und Knoblauch anbraten. Nach Belieben auch Champignonscheiben, Speckstreifen, Tomatenwürfel und Petersilie dazutun. Salzen, pfeffern und Muskat darüberreiben, anschließend den Teig verteilen.
- Das Gleiche auch mit Süßem machen: **Apfel-, Birnen-** oder **Bananenscheibchen** andünsten, mit Zucker karamellisieren und dann den Teig einfüllen.
- **Mandelblättchen** oder gehackte **Haselnüsse** anrösten, bevor man den Teig darübergibt.

Beilagen-Salate
zum Beispiel:
- Rohkost aus geraspelten Möhren, geraspeltem Rettich und Gartenkresse.
- Chicoree mit Orangen und Fenchel.
- Wurstsalat aus fein geschnittener Fleischwurst, mit reichlich Zwiebeln und viel Petersilie.

Scharfe Hackfleischsauce

Ähnlich wie eine gute Pastasauce! Kann man auch auf Vorrat zubereiten und portionsweise einfrieren. Wie scharf sie ist, bestimmen Sie mit der entsprechenden Chilimenge.

1 Das Hackfleisch in einer großen Pfanne im heißen Öl anbraten, dabei mit dem Kochlöffel zerdrücken. Erst wenn es krümelig geworden ist, die sehr fein gewürfelte Zwiebel, den Knoblauch sowie nach Geschmack den Chili zufügen und alles miteinander braten, bis das Fleisch fast kross geworden ist. Die Prise Zucker darüberstreuen und nach Geschmack salzen. Wenn auf Chili verzichtet wird, noch ordentlich aus der Mühle pfeffern.

2 Jetzt das Gemüse zufügen: Staudensellerie in Scheibchen (zuvor eventuelle Fäden aus der Haut ziehen), Paprika in kleinen Würfeln. Mit einem Schuss Wein, Brühe und Tomatenpüree zu einer würzigen, konzentrierten Sauce kochen.

ZUTATEN
Für vier Personen:

500 g gemischtes Hackfleisch
2-3 EL Olivenöl
1 große Zwiebel
3-4 Knoblauchzehen
1-2 Chilischoten (nach Gusto)
1 Prise Zucker
Salz, Pfeffer
3-4 Stangen Staudensellerie
½ rote oder gelbe Paprikaschote
ca. 100 ml Weißwein
ca. ¼ l Fleischbrühe
2-3 EL Tomatenpüree oder -mark
Petersilie oder Basilikum
1 guter Schuss Sahne
nach Belieben etwas geriebener Käse

3 Servieren: Entweder die Pfannkuchen und das Gehackte zum Selbstbedienen auf den Tisch stellen. Dann verstreicht jeder selbst einen großzügigen Löffel der Sauce auf seinem Pfannkuchen, streut gehackte Petersilie oder Basilikum darüber, rollt ihn auf und verspeist ihn. Oder als fertiges Gästeessen: Die gefüllten Rollen in eine flache Form setzen und, bevor serviert wird, mit etwas Brühe oder Sahne benetzen, nach Belieben etwas geriebenen Käse darüber verteilen und im Backofen erhitzen, bis der Käse geschmolzen ist. Unbedingt genügend Pfannkuchenrollen pro Person einplanen, erfahrungsgemäß isst man davon mehr als geplant, weil's so köstlich schmeckt.

BEILAGE
Eine große Schüssel Salat.

GETRÄNK
Ein einfacher Weißwein, aber auch ein Bier. Die Kinder trinken Wasser oder Apfelsaft.

Pfannkuchen mit Quarkfüllung

Unwiderstehlich, vor allem, wenn man mit den karamellisierten Mandelblättchen nicht spart!

1 Den **Quark** mit Zucker, Zitronenschale und Zitronensaft glatt rühren. Die Sahne mit dem Puderzucker steif schlagen und einen Teil unter den Quark rühren.

2 Für den **Mandelkrokant** die Butter in einer Pfanne schmelzen, die Mandelblättchen hineinstreuen und langsam rösten. Dabei den Zucker gleichmäßig darüberstreuen und aufpassen, dass er nicht zu dunkel wird.

3 Die Pfannkuchen zubereiten und 1 bis 2 Esslöffel Quarkfüllung auf jedem verstreichen, dann aufrollen. Mit Mandelkaramell bestreuen und mit Puderzucker bestäuben. Sofort servieren – entweder pur oder besser noch mit:

4 **Schokoladensauce:** Dafür Schokolade in Stückchen zerteilen und in aufkochender Sahne schmelzen. Gut glatt rühren und den Geschmack nach Belieben mit einem kleinen Schuss Rum, Cognac oder Kaffeelikör abrunden ...

GETRÄNK
Ein Schlückchen Likör für die Erwachsenen kann nicht schaden.

ZUTATEN
Für vier Personen ein süßes Hauptgericht, für sechs bis acht als Dessert:

1 Portion Pfannkuchen

Quarkfüllung:
500 g Magerquark oder Topfen
4 EL Zucker
Schale und Saft
von 1 unbehandelten Zitrone
125 ml Sahne
1 EL Puderzucker

Mandelkrokant:
3 EL Butter
100 g Mandelblättchen
2 EL Zucker

Außerdem:
Puderzucker zum Bestäuben

Schokoladensauce:
100 g zartbittere Schokolade
125 ml Sahne
evtl. 1 guter Schuss Rum,
Cognac oder Kaffeelikör

Kochen & Backen mit Frischkäse

Kochen & Backen mit Frischkäse

Quark, Topfen, Ricotta –
vom Schaf, von der Ziege und der Kuh

In allen Fällen handelt es sich um Milchprodukte, jedes wird auf unterschiedliche Weise hergestellt, der bei uns übliche **Quark** beispielsweise aus entrahmter pasteurisierter Milch, die durch Sauermilchbakterien und Lab eingedickt wird. Und wenn von der frischen Käsemasse durch Zentrifugieren die Molke abgetrennt wird, erhält man Magerquark. Den wiederum kann man dann mit Sahne auf die gewünschte Fettgehaltstufe cremig rühren. Die Trockenmasse für Quark in der Magerstufe muss mindestens 18 Prozent betragen und 12 Prozent Eiweiß aufweisen. Quark ist somit ein Lieferant für hochwertiges Eiweiß und Kalzium. Magerquark hat unter 10 Prozent Fett in der Trockenmasse (i. Tr.), das bedeutet im Klartext: praktisch null. Denn die Trockenmasse macht letztlich nur ca. 10 bis 20 Prozent des Gesamtgewichts aus, das vorwiegend aus Wasser besteht. Auch ein Quark der Halbfettstufe mit 20 Prozent Fett i. Tr. ist keineswegs ein Dickmacher, selbst den 40-prozentigen kann man sich durchaus leisten, wenn man nicht gerade abnehmen muss. Wir allerdings finden, es dient dem Geschmack, wenn man stattdessen lieber einen Magerquark mit frischer Sahne verrührt oder auflockert.

Für **Schichtkäse** wird die gesäuerte und angedickte Frischkäsemasse schichtweise in Formen geschöpft und jede Schicht einzeln glatt gestrichen. Die Masse ist kompakter als der normalerweise cremig gerührte Quark.

Topfen, wie man ihn in Süddeutschland oder Österreich bevorzugt, ist eine Mischung aus beidem. Die Masse lässt man lange abtropfen, um sie fester und kompakter zu machen, bis zum sogenannten **Bröseltopfen**, dem nahezu alle Molke entzogen ist und der deshalb geradezu krümelig geworden ist.

Ricotta entsteht im Gegensatz dazu aus Molke, die erhitzt (daher der Name: *ri* = wieder und *cotta* = gekocht) wird, bis das enthaltene Eiweiß ausflockt und sich dann nach dem Abtropfen zu einer quarkähnlichen Masse zusammenklumpt. In Italien bereitet man Ricotta bevorzugt aus unbehandelter, also nicht pasteurisierter Schafsmilch zu. Sie ist eiweiß- und fettreicher als Kuhmilch, entsprechend ist auch diese Ricotta gehaltvoller als der aus Kuhmilchmolke, wie wir sie im Allgemeinen aus großen Molkereibetrieben bekommen.

Frischkäse dient nicht nur als Oberbegriff für alle frischen Käse (auch die hier bereits aufgelisteten), sondern zugleich als Bezeichnung für eine besondere Käsemasse, auch als Doppelrahm-Frischkäse bekannt – oder unter den jeweiligen Firmennamen, wie beispielsweise Philadelphia, bei dem es sich keineswegs um eine Gattung handelt, sondern um ein Firmenprodukt. Es ist das, was man sich gern aufs Frühstücksbrötchen streicht, mit Marmelade süßt oder mit Schnittlauch auf herzhafte Weise genießt. Es ist die Basis für Liptauer.

Ziegenkäsknödel mit Spinat

Entweder ein hübscher Zwischengang in einem großen Menü, aber genauso gut eine Vorspeise oder ein kompletter Imbiss. Hübsch sind die kleinen weißen Knödelchen auch als Einlage in einer Tomaten- oder in einer Kräutercremesuppe.

1 Die zimmerwarme Butter mit dem Schneebesen schaumig rühren, nach und nach das ganze Ei und das Eigelb zufügen. Schließlich Frischkäse, Mehl und Brösel einarbeiten und mit Salz, Pfeffer und Muskat oder Macis abschmecken. 30 Minuten ruhen und quellen lassen. Dann kleine Knödel formen und 15 Minuten in sanft wallendem Salzwasser gar ziehen lassen. (Nicht vergessen, zunächst einen Probe- knödel zu machen, um zu prüfen, ob er im Wasser auch zusammen- hält! Wenn nicht, müssen noch zusätzliche Semmelbrösel in den Teig gearbeitet werden.)

2 Für die **Sauce**: Wenn Sie frischen Spinat verwenden, die Blätter in Salzwasser sekundenlang blanchieren, eiskalt abschrecken und gut ausdrücken. Dann eine fein gewürfelte Zwiebel in Butter weich dünsten, die zerzupften Blätter oder den angetauten Tiefkühlspinat zufügen und mischen. Die Sahne angießen und kräftig würzen. Aufkochen, mit dem Pürierstab glatt mixen und mit einem guten Schuss Brühe auf die gewünschte Konsistenz bringen.

ZUTATEN
Für vier Personen:

40 g Butter
1 Ei
1 Eigelb
300 g Ziegenfrischkäse
40 g Mehl
60 g Semmelbrösel
Salz, Pfeffer
Muskat oder Macis (Muskatblüte)

Spinatsauce:
500 g Spinat oder
1 Paket TK-Blattspinat (300 g)
Salz
1 Zwiebel
2 EL Butter
4 EL Sahne
Pfeffer
Muskat
etwas Brühe

TIPP

Nicht nur die Butter, auch die Eier sollten Zimmertemperatur haben, damit sie sich gut verbinden, andernfalls kühlt die Butter zu rasch ab, wenn sie eingearbeitet werden, und flockt aus. Falls dies passiert ist: mit dem Mix- stab alles gründlich aufmixen, dabei einen Löffel warmes Wasser zufügen.

3 Die **Butter** in einem Töpfchen schmelzen, das Paprikapulver einrühren und mit Rosenpaprika nach Gusto schärfen.

4 Auf einen Teller zunächst einen dicken Klecks Spinatsauce geben, darauf 3 bis 4 Knödel setzen und mit Paprikabutter umrahmen.

5 Oder die Knödel mit **Salbeibutter** servieren: Dafür die Butter in einer Pfanne schmelzen. Die Salbeiblätter in Streifen schneiden und darin anrösten, ebenso die Pinienkerne.

GETRÄNK
Ein kräftiger Weißwein, wir haben dazu einen Frühroten Veltliner vom Weingut Uibel in Niederösterreich getrunken.

Paprikabutter:
50 g Butter
2 gehäufte EL Delikatesspaprika
Rosenpaprika nach Gusto

Salbeibutter:
4 EL Butter
1 Handvoll Salbeiblätter
2 gehäufte EL Pinienkerne

TIPP

Paprika, der hier und zum Würzen des Liptauers auf Seite 72 verwendet wird, gibt es in unterschiedlichen Schärfegraden. Die mildeste Variante nennt man im Allgemeinen Delikatesspaprika. In Ungarn unterscheidet man sogar vier bis fünf verschiedene Sorten von Delikatesspaprika, in allen Abstufungen von süß und mild bis edelsüß und pikant. Bei uns kennt man meist nur eine einzige Sorte. Auf dem Glas steht dann Paprika (süß) oder Delikatesspaprika (mild). Nicht zu Verwechseln mit Rosenpaprika, der blasser ist und erheblich schärfer, weil darin nicht nur das Fruchtfleisch der roten, also reifen Paprikaschote verarbeitet wird, sondern auch die hellen Kerne sowie die Trennwände aus dem Inneren der Schote, in welchen die intensivste Schärfe steckt.

Wenn Sie vor dem Gewürzregal im Supermarkt stehen, greifen Sie zum „Paprika" und merken Sie sich: je röter und leuchtender die Farbe, desto milder und süßer ist das Gewürz. Und wenn Sie mal in einen ungarischen Spezialitätenladen geraten, dann nehmen Sie das dort angebotene Pulver – es ist unvergleichlich intensiv in Duft und Geschmack!

Liptauer

Darunter versteht man in Österreich eine Art Aufstrich, mit dem man Brotscheiben im Handumdrehen zum Aperitifhappen verwandelt. Man kann auch neudeutsch Dip dazu sagen und ihn zusammen mit Gemüsesticks statt Salzstänglein auf den Tisch stellen. Anstelle des teuren Frischkäses lässt sich auch Schichtkäse oder ein anderer Quark/Topfen verwenden, den man mit etwas Sauerrahm glatt rührt. Manche mischen auch gern schaumig geschlagene Butter unter, was allerdings die Sache unnötig mit Kalorien beschwert und keineswegs sein muss, wenn man gleich einen guten Frischkäse nimmt.

1 Den Frischkäse mit der gewürfelten Zwiebel, fein geriebenem Knoblauch, Milch und eventuell einem Schuss Öl glatt rühren, dabei mit Paprika, Salz, Pfeffer, Zitronenschale und Zitronensaft würzen. Zum Schluss feine Schnittlauchröllchen unterrühren.

ZUTATEN

Für vier Personen:

250 g Frischkäse
1 rote Zwiebel
evtl. 1-2 Knoblauchzehen
2-3 EL Milch
evtl. 2 EL Olivenöl
1 EL Delikatesspaprika
Salz, Pfeffer
abgeriebene Zitronenschale
Zitronensaft
Schnittlauch

GETRÄNK

Ein aromatischer, duftender Weißwein, zum Beispiel ein Gelber Muskateller vom Weingut Tement in der Steiermark.

TIPP

Der Liptauer schmeckt auf Brezeln, auf Vollkornbrot-Talern oder zu Baguette. Aber auch zu Pellkartoffeln und Matjes! Und die in Stifte oder Streifen geschnittenen Gemüse zum Dippen: aus Paprika, Gurke oder Möhre.

Grundrezept Quark-Öl-Teig

Dieser Teig ergibt schön dünne und überaus knusprige Kuchenböden. Und ist überhaupt ganz vielseitig. Er passt mit seinem neutralen Geschmack wunderbar für herzhafte Quiches und Pizzen, man kann ihn aber auch süßen und dann für Obst- und andere Tartes verwenden. Und je nach verwendetem Öl lässt sich sein Charakter immer wieder variieren. Beispielsweise für eine Lauchquiche den Teig mit einem intensiv-würzigen Olivenöl ansetzen, für ein süßes Frischkäseteilchen dagegen ein harmonisches Haselnuss- oder Walnussöl nehmen. Der Vorteil von Quark-Öl-Teig: Er ist schnell angerührt und verknetet, man braucht keine Butter weich werden zu lassen und er hat eigentlich immer eine angenehm formbare Konsistenz – selbst wenn man ihn mal im Kühlschrank vergessen hat. Was ein Mürbteig bekanntlich übel nimmt und einen dann auf die Geduldsprobe stellt, bis man ihn endlich weiter verarbeiten kann.

Mehl und Backpulver durch ein Sieb auf die Arbeitsfläche häufen. In die Mitte Quark, Frischkäse, Öl und Ei (oder Eigelb) geben, Zucker und Salz sowie Zitronenschale zufügen. Mit den Händen rasch zusammenkneten, bis der Teig eine angenehm formbare Konsistenz hat. Zu einer Kugel formen, in einen Gefrierbeutel stecken und 30 Minuten kalt stellen.

ZUTATEN

Für ein Backblech oder eine Spring-form von 30 cm Durchmesser:

ca. 350 g Mehl
1 gestrichener TL Backpulver
100 g Magerquark oder Schichtkäse
100 g Frischkäse
4 EL Öl (50 g)
1 Ei (oder zwei Eigelb)
3 EL Zucker, 1 Prise Salz (für einen süßen Teig)
oder: 1 gestrichener TL Salz und
1 Prise Zucker (für die salzige Version)
abgeriebene Zitronenschale

Lauch-Quiche mit zweierlei Käse

Ein fabelhafter Happen zum Aperitif oder zusammen mit einem Salat ein kleiner Imbiss.

1 Den Teig wie beschrieben ansetzen und ruhen lassen. Schließlich dünn ausrollen und eine gebutterte Springform (oder auch ein Backblech) damit auskleiden.

2 Für den Belag den Lauch putzen, die dicken Außenblätter entfernen und nur das Weiße, Zarte verwenden. Schräg in dünne Scheiben schneiden. In Salzwasser blanchieren, gut abtropfen. Den Frischkäse mit der Milch glatt rühren, dabei die Eier einarbeiten (kann auch per Handrührer oder Mixstab geschehen) und mit Salz, Pfeffer, Muskat und Cayennepfeffer würzen. Am Ende den Käse und den abgetropften Lauch unterrühren.

3 Diese Masse auf dem Teigboden verteilen und glatt streichen. Im vorgeheizten Backofen (220 °C Ober- und Unterhitze/200 °C Heißluft) möglichst weit unten ca. 30 Minuten backen, bis der Boden schön gebräunt und knusprig ist und der Belag gestockt. Falls er dabei zu dunkel wird, mit Alufolie abdecken.

4 Die Quiche noch warm servieren. Als Häppchen zum Glas Wein kann man sie auch statt in schmale Tortenstücke in bissengroße Quadrate schneiden, die sich bequem mit der Hand essen lassen.

GETRÄNK
Wir haben einen herzhaften Silvaner aus Franken dazu getrunken, vom Weingut Wirsching.

ZUTATEN

Für vier Personen:

1 Portion Quark-Öl-Teig mit Olivenöl
Butter für die Form

Belag:

3 Lauchstangen
Salz
400 g Schicht-, Frischkäse
oder Ricotta
125 ml Milch
4 Eier
Salz, Pfeffer
Muskat
Cayennepfeffer
100 g frisch geriebener Käse
(z. B. Emmentaler)

TIPP
Damit der Teig schön dünn und gleichmäßig die Tortenform auskleidet, hier ein Trick, mit dem es garantiert und ganz leicht klappt: Den Teig nicht einfach auf der Arbeitsfläche, sondern auf einem großen Stück Plastikfolie, das man zuvor mit etwas Mehl bestäubt, auf die gewünschte Größe ausrollen. Dann kann man die Teigplatte einfach mitsamt der Folie packen, kopfüber stürzen und in die vorbereitete Form legen; sogar darin hin und her bewegen, falls der Tortenboden nicht gleich auf der richtigen Stelle gelandet ist. Anschließend drückt man rundum den Teig schön fest und zieht am Ende die Folie ab. So einfach kann Backen sein!

Zitronenpizza

Das ist wirklich ein sehr verblüffendes Gericht und eine witzige Abwechslung. Und gelingt am besten auf einem Pizzastein, auf dem man die Portionspizzen nacheinander bäckt.

1 Den Teig wie beschrieben zubereiten und ruhen lassen. Dann Teigböden von jeweils ca. 20 bis 22 Zentimeter Durchmesser ausrollen.

2 Für den Belag Quark mit Zucker nach Geschmack (ca. 6 Esslöffel) und Zitronensaft glatt rühren. Dünn auf den Pizzaböden verstreichen. Die Zitronen auf der Aufschnittmaschine dünn aufschneiden, auf der Pizza auslegen und mit Zucker bestreuen. Auf einem Pizzastein rasch backen, bis der Boden knusprig ist.

GETRÄNK
Ein leichter Weißwein aus Italien, ein Vermentino beispielsweise aus Ligurien.

ZUTATEN
Für vier bis sechs Personen:

1 Portion süßer Quark-Öl-Teig
200 g Schafsquark
(gibt's im Naturkost- oder Bio-Laden)
oder Sahnequark
120 g Zucker
6 EL Zitronensaft
2 Zitronen

TIPP

Ganz klar, Pizza oder Brot gelingen am besten, wenn sie auf Stein gebacken werden – weil der hitzespeichernde Schamottestein mit intensiver Unterhitze dafür sorgt, dass der Teig schnell in die Höhe getrieben wird und ein stabiles Gerüst bildet. Gute Brotbacköfen sind deshalb mit solchen Steinen ausgelegt. Man kann sich einen Pizzaofen bauen (lassen) – Infos darüber finden sich in mannigfaltiger Weise im Internet: Unter dem Stichwort Pizzaofen wird man zu den vielfältigsten Tipps weitergeleitet. Natürlich ist ein solcher Pizza- oder Brotbackofen ein aufwendiges und kostspieliges Vergnügen (Minimum 1500 Euro, aber leicht sehr viel mehr!). Einfacher und erschwinglicher sind die für manche Backöfen als Sonderzubehör erhältlichen, extra beheizbaren Pizza-Backsteine.

Es nützt allerdings bereits, sich beim Ofensetzer einen Schamottestein auf Backofengröße zuschneiden zu lassen – rundum jedoch mindestens 2 Zentimeter schmaler als die Ofenmaße, damit die heiße Luft zirkulieren kann. Eine solche Platte (ca. 2-3 Zentimeter dick, ca. 25 Euro) muss möglichst nah über dem Ofenboden, am besten auf einem Rost, eine gute Stunde mit stärkster Unterhitze aufgeheizt werden, damit sie ausreichend Hitze speichert. Eine Pizza ist dann in wenigen Minuten gar, und ein Brot bekommt so den nötigen Hitzeschub, damit es schön aufgehen kann.

Herzhaftes Frischkäsegebäck

Sehen bildschön aus und sind erfreulich schnell gemacht – sogar mit Zutaten, die man einfach im Haus hat, ohne groß extra einkaufen zu müssen. Man kann Hörnchen in verschiedenen Größen machen, gefüllte Stangen, Windräder oder auch kleine Schnecken. Aus den letzten Resten schneidet man Streifen, die mit Kümmel, Mohn oder Paprika bestreut und darin gedreht werden. So erhält man höchst unterschiedliches und pfiffiges Salzgebäck.

1 Den Teig auf der bemehlten Arbeitsfläche dünn ausrollen.

2 Den Käse winzig würfeln, mit der fein gehackten Petersilie (Schnittlauch), dem ebenfalls winzig gewürfelten Speck (Schinken) und Quark oder Frischkäse gut verrühren.

ZUTATEN

Für vier bis sechs Personen:

1 Portion Quark-Öl-Teig
Mehl zum Ausrollen
1 Ei zum Bestreichen

Füllung:

100 g Bergkäse oder junger Pecorino
1 Bund glatte Petersilie
(oder Schnittlauch)
100 g durchwachsener Speck
(oder gekochter Schinken)
50 g Magerquark oder Frischkäse

3 Für **Hörnchen** spitzwinklige Dreiecke ausschneiden – je nach gewünschter Größe zwischen sechs und zehn Zentimetern Kantenlänge. In die Mitte der schmalen Seite jeweils ein Häufchen Füllung setzen, dann so aufrollen, dass die Spitze des Dreiecks nach oben zeigt. Die Seiten zu einem Hörnchen biegen und auf ein mit Backpapier belegtes Blech setzen. Mit verquirltem Ei bepinseln.

4 Oder **Rechtecke** ausschneiden, mit etwa fingerlanger Kante. Die Füllung in die Mitte setzen, aufrollen und mit der Nahtstelle nach unten aufs Blech setzen. Mit verquirltem Ei bestreichen.

5 Für **Schnecken** den Teig zu einer Fläche von etwa 20 x 10 Zentimetern ausrollen. Füllung darauf verstreichen. Die Teigfläche aufwickeln, quer in fingerdicke Scheiben schneiden, auf die Schnittfläche setzen und etwas flach drücken. Ebenfalls mit einem verquirlten Ei einpinseln.

6 Für **Windräder** Quadrate ausschneiden. Von jeder Ecke zwei Zentimeter Richtung Mitte einschneiden. In die Mitte einen Klecks Füllung setzen. Die Ecken jeweils zur Mitte einklappen, sodass die Füllung davon bedeckt ist. Mit Ei bepinseln.

7 Das Gebäck bei 200 °C Ober- und Unterhitze (Heißluft 180 °C) ca. 10 bis 15 Minuten golden backen – je nach Größe.

GETRÄNK

Als Aperitif Sekt oder Champagner. Natürlich geht auch ein Pils oder ein frischer Weißwein, etwa ein säurebetonter Riesling von der Nahe.

Süße Frischkäseteilchen

Dasselbe in süß: Dafür wird der Quark-Öl-Teig gesüßt und mit Orangen- oder Zitronenschale gewürzt. Die Teilchen werden wie oben beschrieben zugeschnitten und gefüllt: entweder einfach mit Marmelade oder mit Quark, zum Beispiel vom Schaf, belegt mit einer dicken, in Rum eingeweichten Rosine.

1 Den Teig wie beschrieben zubereiten und ruhen lassen.

2 Die Marmelade mit einer Gabel aufrühren. Für die Quarkfüllung die eingeweichten Rosinen mit dem Likör unter den Quark, Frischkäse oder Schichtkäse mischen.

3 Für Hörnchen und Windräder jeweils Dreiecke und Quadrate ausschneiden, wie auf Seite 76 beschrieben, jeweils einen Klecks Quark in die Mitte setzen, mit eingeweichter Rosine oder Erdbeerkonfitüre füllen. Die Teilchen zusammenklappen, mit verquirltem Ei einpinseln und backen.

GETRÄNK
Espresso, Kaffee oder Tee.

ZUTATEN
Für sechs Personen:

1 Portion gesüßter Quark-Öl-Teig
mit abgeriebener Orangen-
oder Zitronenschale
Butter für die Form

Füllung:
100 g Erdbeermarmelade
3-4 EL in Rum eingeweichte Rosinen
3 EL Zitronen- oder Orangenlikör
150 g Schafsquark
(gibt's im Naturkost- oder Bio-Laden)
oder Sahnequark, Frischkäse
oder Schichtkäse

Supererfrischender Quark-Drink

Wenn die Sauce zu scharf geraten ist und der Mund brennt wie Feuer, hilft ein altes Hausmittel: Milch trinken. Denn das, was Chili scharf macht, das enthaltene Capsaicin, ist fettlöslich. Das in Milch emulgierte Fett nimmt die Scharfmacher auf und löst sie von den Nervenenden. Ein Glas Wasser vermag dagegen nicht das Capsaicin zu entschärfen. Da nicht nur ein Glas Milch, sondern auch andere Milchprodukte wie Quark & Co bei einer Überdosis Chili helfen, hier dieser Drink:

2 Esslöffel Quark mit einem 250 Millilitern Liter eiskaltem Wasser aufmixen, dabei mit 1 Prise Salz würzen. Eventuell sogar 1 Stück Salatgurke mitmixen. Schmeckt wunderbar erfrischend – deshalb nicht nur nach scharfem Essen empfehlenswert, sondern auch an heißen Sommertagen.

Sizilianische Ricottatorte

Saftig und mit einer lockeren Krume, üppig durch reichlich getränkte Rosinen und Nüsse. Auf Sizilien liebt man eine solche Torte zum Nachtisch nach dem Ostermenü! Mit echter sizilianischer Ricotta aus frischer Schafsmolke ist sie natürlich ein besonderer Genuss. Wir müssen hierzulande mit pasteurisierter Ricotta von der Kuh vorlieb- nehmen. Man kann die Torte auch mit Schichtkäse ansetzen, muss ihn dafür jedoch mit dem Mixstab aufschlagen, damit er eine zarte Konsistenz bekommt.

1 Rosinen, Sultaninen und Korinthen am besten bereits am Vortag in einer Schüssel mit Marsala benetzen und einweichen. Ricotta mit Eigelb und der Hälfte des Zuckers glatt rühren. Diese Masse mit Zitronen- und Orangenschale würzen.

2 Das Mehl mit dem Backpulver durch ein Sieb in die Eiercreme rühren. Jetzt die Rosinen, Sultaninen, Korinthen, Pistazien und Pinienkerne unterziehen. Eiweiß mit dem restlichen Zucker (sowie 1 Prise Salz) steif schlagen und unterheben.

3 Diese Masse in eine mit Butter ausgestrichene und mit Bröseln aus- gestreute Form gießen und glatt rütteln. Im vorgeheizten Ofen (190 °C Ober- und Unterhitze/170 °C Heißluft) auf der mittleren Schiene etwa 50 Minuten backen. Die fertige Torte (Stäbchenprobe!) in der Form ab- kühlen lassen, erst am nächsten Tag auf eine Tortenplatte setzen und dick mit Puderzucker bestäuben.

ZUTATEN

Für eine Springform
von 24 cm Durchmesser:

100 g Rosinen
100 g Sultaninen
75 g Korinthen
125 ml Marsala
500 g Ricotta
4 Eigelb
200 g Zucker
abgeriebene Schale
von je 1 Zitrone und Orange
200 g Mehl
1 EL Backpulver
je 50 g Pistazien- und Pinienkerne
4 Eiweiß
1 Prise Salz
Butter und Semmelbrösel
für die Form
Puderzucker zum Bestäuben

Köstliches Geflügel

Köstliches Geflügel
Gutes mit Hähnchen, Wachteln & Täubchen

Frühlingsfrische, frühlingsleichte Rezepte rund um das Geflügel. Schnell soll es gehen und schlank soll es sein. Das wünscht man sich um diese Jahreszeit. Und dafür ist das zarte Geflügelfleisch ideal. Es ist leichter verdaulich als jedes andere Fleisch, ist schnell zubereitet und darüber hinaus herrlich vielseitig. Zusammen mit jungen Gemüsen und Kräutern steht im Handumdrehen ein köstliches Essen auf dem Tisch.

Was bei Geflügel immer zu beachten ist

Egal, ob man Geflügel frisch beim Händler, auf dem Markt oder im Supermarkt gekauft hat: Es wird erst einmal innen und außen – vor allem wenn es gefroren war – gründlich abgespült und mit Küchenpapier abgetrocknet. Bitte auch alles andere in der Küche gründlich abwaschen, am besten mit heißem Wasser, natürlich auch die Hände sorgfältig reinigen. Nur wenn man Geflügel aus Frankreich bekommen hat, das trocken gerupft und nicht in einer Plastikhülle, sondern offen verkauft wurde, braucht man es nicht zu waschen. Hier muss man keine Angst vor Salmonellen zu haben.

Warenkunde

Hähnchen, oder wie man im Osten Deutschlands sagt, **Broiler**, haben ja nicht unbedingt den Ruf einer Delikatesse. Dabei sind sie es durchaus, wenn man nicht die schnell gemästete Massenware nimmt, der bereits in 4 bis 5 Wochen das Schlachtgewicht von 900 bis 1200 Gramm angefüttert wurde. Lieber ein bisschen mehr Geld ausgeben, dafür seltener, aber ein gutes Hähnchen kaufen. Man braucht für gute Qualität von vornherein eine andere Rasse, die Tiere wachsen langsamer, zudem bekommen sie besseres Futter, können hoffentlich auch ein bisschen rumlaufen und haben ein glücklicheres Leben als die armen Viecher aus der Massenhaltung. Deshalb ist ihr Fleisch kerniger, hat einen besseren Biss und mehr Geschmack. Also nicht einfach in die Tiefkühltruhe beim Discounter greifen, lieber auf den Markt oder zum Geflügelhändler gehen.

Die kleinen **Stubenküken**, also junge Hähnchen, die nach ca. 6 bis 8 Wochen etwa 400 Gramm wiegen, werden nicht in der Massenhaltung gezüchtet, da die Nachfrage zu gering ist – wie auch bei Wachteln und Tauben. Sie alle werden bei uns nicht im großen Stil aufgezogen, sondern kommen meist aus Frankreich, wo man sie gerne isst.

Wachteln wiegen ca. 150 bis 200 Gramm, als Hauptgericht kann man schon 1 ½ bis 2 pro Portion servieren. Man liebt sie vor allem, weil sie im Verhältnis zur Größe eine besonders fleischige Brust haben. Ihr Fleisch ist dunkel, zart, hat wenig Fett und liefert viel Eiweiß.

Noch dunkler, ins Rötliche spielend, ist das Fleisch von **Täubchen.** Sie bringen etwa das Doppelte auf die Waage, also zwischen 400 und 500 Gramm. Und wir kennen Leute, die essen davon ebenfalls lieber zwei als eins … Natürlich werden auch die Täubchen für die Küche eigens gezüchtet, mit den Tauben vom Markusplatz oder sonstwo in den Städten haben sie nichts zu tun. Man verwendet für die Zucht Rassen, die besonders fleischig sind; gegessen werden sie jung, solange sie ihr Gefieder noch nicht ausgebildet haben, dann ist ihr Fleisch zart und hat einen charakteristischen, würzigen Geschmack.

Auch **Perlhühner** kommen eher aus kleineren Betrieben, sie sehen in natura bildschön aus mit ihrem weiß getupften Gefieder. Gerupft und küchenfertig vorbereitet sind sie von einem normalen Hähnchen leicht zu unterscheiden: ihr Fleisch ist dunkler, ihre Haut gelblicher, vor allem wenn sie mit Mais gefüttert wurden. Normalerweise wiegen sie zwischen 900 und 1200 Gramm. Ausgewachsene Exemplare können aber bis zu 2 Kilo auf die Waage bringen, wie Hähnchen ja auch. Sie sind seltener, auch teurer als Letztere – vor allem, wenn sie mit einem Qualitätslabel wie dem französischen Label Rouge ausgezeichnet sind –, weil sie länger aufwachsen dürfen, besseres Futter bekommen und oft auch im Freiland aufgezogen werden. Perlhuhn ist noch magerer als normales Geflügel, enthält dafür mehr Eiweiß und ist reich an Vitaminen (B1, B2 und E) sowie Mineralstoffen wie Eisen, Kalzium und Magnesium.

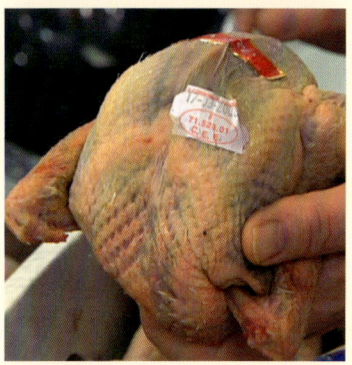

In der Küche gilt für alle Geflügel: Sie brauchen ordentlich Hitze, damit sie schön bräunen und durchgaren. Also ruhig in den gut vorgeheizten Ofen schieben; wenn sie rundum appetitlich goldbraun sind, kann man ihn herunterschalten und das Fleisch langsam nach- und durchziehen lassen. Geflügel darf allerdings nicht zu lange und zu heiß garen, weil es sonst austrocknet, und das wäre unendlich schade.

Gebratenes Perlhuhn

Perlhühner haben nicht nur ein etwas dunkleres Fleisch, sie schmecken auch viel intensiver als normale Hühner. Man kann sie jedoch ganz genauso braten.

1 Das Huhn innen und außen mit Küchenpapier sauber wischen. Die Hälfte der Butter in Salz, Pfeffer und reichlich abgeriebener Zitronenschale wenden und zusammen mit den Petersilienstielen in den Bauch stecken. Das Huhn in Form binden: mit einem ca. 50 Zentimeter langen Stück Küchenzwirn zunächst unter den Rücken fahren und die Flügel an den Leib binden, den Faden über der Brust kreuzen und unter den Schenkeln verschnüren. Das Huhn in einen Bräter setzen, zuerst mit Zitronensaft, dann mit Olivenöl einreiben.

2 Zunächst in den auf stärkste Hitze vorgeheizten Backofen schieben, nach ca. 25 bis 30 Minuten das Wurzelgemüse rund um das Huhn in den Bräter streuen, eventuell noch mit einem Schuss Olivenöl benetzen und weitere 10 Minuten mitrösten. Dann erst den Wein angießen und die Hitze auf 150 °C Ober- und Unterhitze (Heißluft 130 °C) herunterschalten. Das Huhn jetzt noch weitere 30 Minuten braten.

3 Anschließend den Bratenfond mitsamt dem Gemüse in einen Mixbecher gießen, das Perlhuhn zurück in den inzwischen ausgeschalteten Ofen stellen. Gemüse und Bratenfond glatt mixen und durch ein Sieb in eine Kasserolle füllen. Aufkochen und mit etwas Brühe auf die gewünschte Konsistenz bringen. Jetzt mit dem Pürierstab die restliche Butter sowie den Honig untermixen, nochmals abschmecken und servieren.

ZUTATEN

Für drei bis vier Personen:

1 schönes Perlhuhn (ca. 1700 g)
80 g Butter
Salz, Pfeffer
1 Zitrone
einige Petersilienstängel
2 El Olivenöl
je ½ Tasse fein gewürfelte Möhre,
Sellerie, Lauch und Zwiebel
500 ml Weißwein
etwas Brühe
1 TL Honig
(nach Möglichkeit Salbeihonig)

GETRÄNK

Der Wein sollte kräftig und üppig sein, ein Weißburgunder etwa, zum Beispiel vom Kaiserstuhl. Es könnte aber auch ein herzhafter Riesling aus Rheinhessen sein.

TIPP

Dazu ein Gemüse der Saison servieren, zum Beispiel grünen Spargel.

Wachteln auf Couscous

Wachteln werden inzwischen immer öfter angeboten, beim Geflügelhändler frisch, aber auch im Supermarkt in der Tiefkühltruhe. Und es ist ganz unkompliziert: Sie werden wie jedes andere Geflügel vorbereitet.

1 Die Wachteln rundum mit Olivenöl einreiben. Die Butter in 4 (oder 5) gleich große Stücke schneiden, in einer Mischung aus Salz, Pfeffer und abgeriebener Zitronenschale wenden und zusammen mit einem Petersilienzweig in die Bäuche stecken. Die Vögel zusammenbinden, dann nebeneinander, mit der Brust nach unten, in eine Bratenform setzen. In den 250 °C heißen Ofen schieben.

2 Nach 15 Minuten die Wachteln wenden und auf den Rücken legen. Jetzt kann man den Ofen bereits auf 100 °C herunterschalten. Nach weiteren 10 bis 15 Minuten sind die Wachteln gar – allerdings sollten sie ruhig noch im halb geöffneten Ofen nachziehen, bis die Sauce und alles andere fertig ist.

3 Für den **Couscous** in einer Kasserolle eine gewürfelte Zwiebel im heißen Öl andünsten, den gehackten Knoblauch sowie das fein gewürfelte Gemüse und etwas Chili zugeben. Leise andünsten, dann erst den Couscousgrieß hinzuschütten und alles sorgsam mischen. Mit Brühe ablöschen. Zugedeckt einige Minuten auf kleiner Hitze quellen lassen. Mit Salz und Pfeffer abschmecken.

4 Die Wachteln auf einem Stück Alufolie oder auf einem Teller im Ofen warm stellen. Den Bratensatz in der Form mit einem Schuss Wein los- und einkochen, Balsamico zufügen und nochmals abschmecken. Das restliche Butterstück einschwenken, um die Sauce damit cremig zu binden.

5 Serviert wird entweder auf einer Platte für alle oder als Tellergericht: Den bunten Couscous zu einem Bett aufhäufen, die Wachteln mit einer Schere halbieren und darauf anrichten. Die Saucen in kleinen Klecksen dekorativ drumherum verteilen.

BEILAGE
Salat.

GETRÄNK
Ein duftiger Rioja.

ZUTATEN
Für zwei bis drei Personen:

3–4 Wachteln
2 EL Olivenöl
50 g Butter
Salz, Pfeffer
abgeriebene Schale von ½ Zitrone
einige Petersilienstängel
3-4 EL Rotwein
2 EL Balsamico

Couscous:
1 kleine Zwiebel oder Schalotte
2 EL Olivenöl
2 Knoblauchzehen
je 1 Tasse fein gewürfelter
roter, gelber, grüner Paprika
und Staudensellerie
evtl. 1 kleine Chilischote
100 g Couscousgrieß
ca. 300 ml Brühe
Salz, Pfeffer

Geschmorte Hähnchenkeulen mit Kapern und Oliven

Wir zerlegen sie gern im Gelenk in zwei Teile, dann garen sie gleichmäßiger. Und: weil wir die Oberschenkel schmoren wollen, lösen wir die Haut ab – sie schmeckt ja nur, wenn sie knusprig ist. Deshalb machen wir noch etwas Gutes draus: Hähnchenkrusteln, die nachher über das Gericht gestreut werden und ihm einen köstlichen Biss verleihen.

1 Die Schenkel im Gelenk in der Mitte in Ober- und Unterschenkel teilen. Von den Oberschenkeln die Haut abziehen und mit einem scharfen Messer in kleine Vierecke schneiden. Diese in einer Pfanne langsam so lange rösten, bis alles Fett herausgebraten ist und nur noch knusprige Grieben übrig bleiben. In ein Sieb schütten und das Fett auffangen! Es schmeckt überaus aromatisch.

2 Etwa 2 bis 3 Esslöffel des Fetts auf einem tiefen Backofenblech oder in einer Bratenform verteilen und die Hähnchenstücke darauflegen. Dazwischen in Spalten geschnittene Kartoffeln streuen, außerdem Oliven, Kapern und Knoblauchzehen. Alles salzen und pfeffern. Thymianzweige dazwischen verteilen und das restliche Hähnchenfett über alles träufeln.

3 Die Oberschenkel jeweils mit dünnen Zitronenscheiben abdecken. Das ist gut für den Geschmack, außerdem wird das Geflügelfleisch durch Zitrone straffer und bekommt so mehr Biss. Die Keulen dürfen nach oben zeigen und ohne Abdeckung braten.

4 Das Blech in den vorgeheizten Ofen schieben (Ober- und Unterhitze 200 °C/Heißluft 180 °C). Etwa 35 bis 45 Minuten brutzeln lassen, bis sich ein verführerischer Saft bildet.

5 In der Form oder mitsamt dem Blech zu Tisch bringen, zuvor die Hähnchenkrusteln gleichmäßig darüberstreuen.

ZUTATEN
Für vier bis sechs Personen:

6-8 Hähnchenkeulen
800 g mittelgroße Kartoffeln
100 g Oliven
2-3 EL Kapern
einige Knoblauchzehen
Salz, Pfeffer
1 Sträußchen Thymian
2-3 Zitronen

BEILAGE
Dazu braucht's nicht mehr als frisches Weißbrot und eine große Schüssel grünen Salat.

GETRÄNK
Ein kräftiger Weißwein, zum Beispiel ein Grauburgunder von der Nahe.

Pasta mit Putenbrust in Spinatsauce

Ein pfiffiges, schnelles Essen. Es steht und fällt natürlich mit der Qualität des verwendeten Putenfleischs – gerade hier ist es besonders wichtig, auf Bio-Aufzucht zu achten!

1 Für die Pasta das Wasser aufsetzen, kräftig salzen und die Pasta nach Packungsaufschrift bissfest kochen.

2 Das Putenfleisch entsprechend der Pasta in Streifen, Würfel o. ä. zuschneiden, mit Stärke überpudern und diese gut einmassieren. Dabei auch mit Zitronenschale und Pfeffer würzen.

3 Zwiebel und Knoblauch fein würfeln. Im heißen Öl andünsten, dann die Hitze verstärken, das Fleisch zufügen und rasch unter Rühren braten. Bevor es ansetzt, die Spinatblätter in die Pfanne füllen, die jetzt sofort Flüssigkeit abgeben. Falls nicht genug, 1 Esslöffel Nudelkochwasser hinzuträufeln. Alles salzen und pfeffern, gründlich mischen und aufkochen. Die vom Kochwasser noch tropfnasse Pasta zufügen, ebenso den Käse und 1 Esslöffel Olivenöl. Alles gründlich mischen und direkt in vorgewärmte tiefe Teller verteilen.

BEILAGE
Weißbrot.

GETRÄNK
Ein herzhafter Weißwein, etwa ein Grauburgunder aus der Pfalz.

ZUTATEN
Für vier Personen:

500 g Pasta
Salz
250 g Putenbrust
1 gehäufter TL Speisestärke
evtl. etwas
abgeriebene Zitronenschale
Pfeffer
1 Zwiebel
2-3 Knoblauchzehen
2 EL Olivenöl
500 g geputzte, vom Stiel befreite und
mehrmals gewaschene Spinatblätter
50 g frisch geriebener Parmesan
oder Pecorino

TIPP

Ob Sie Spaghetti, Tagliatelle oder Penne nehmen – mit jeder Sorte ergibt sich ein anderer Eindruck! Entsprechend sollten Sie auch das Fleisch schneiden: für Spaghetti in feine Streifen, für Tagliatelle in flache „Bänder" und für Penne in Stifte oder Würfel.

Stubenküken oder Täubchen auf Linsen

Diese Geflügelspezialitäten sind etwas ganz Besonderes im Geschmack. Vorbereitet werden sie im Grunde auf dieselbe Art wie die Wachteln und das Perlhuhn in den vorherigen Rezepten. Die Garzeit hängt von der Größe der Vögel ab.

1 Stubenküken wie Täubchen säubern, trocknen, salzen und pfeffern. Wie schon bei der Wachtel und beim Perlhuhn beschrieben: In den Bauch jeweils ein mit Salz und Pfeffer gewürztes Stück Butter, ein Zitronenachtel sowie einen Petersilienstiel stecken und die Tiere nebeneinander, mit der Brust nach unten, in eine Bratenform setzen.

2 Die Täubchen und Stubenküken 15 bis 20 Minuten bei stärkster Hitze anbraten, dann wenden, auf 150 °C Ober- und Unterhitze (Heißluft 130 °C) herunterschalten und weitere 20 bis 25 Minuten fertig garen, bis sie rundum schön gebräunt sind.

ZUTATEN

Für zwei bis vier Personen:

2 Stubenküken (à 400 g)
und/oder 2 Täubchen (à 400 g)
Salz, Pfeffer
50 g Butter
1 Zitrone
einige Petersilienstängel

Linsen:
250 g Linsen
Salz
2 EL Olivenöl
1 rote Zwiebel
je ½ Tasse rote und
grüne Paprikawürfel
1 Knoblauchzehe
nach Belieben 1-2 Chilis
(rot und grün)
frischer Meerrettich

3 In der Zwischenzeit die Linsen mit Salzwasser bedeckt in wenigen Minuten weich kochen (das geht schneller, wenn man sie zuvor eine Nacht lang einweicht). Im heißen Öl zuerst die Zwiebel andünsten, dann Paprikawürfel, gehackten Knoblauch und eventuell gehackte Chilis zufügen. Die abgetropften Linsen hinzugeben, alles kurz durchschwenken und abschmecken.

4 Linsen auf dem Teller anrichten, frischen Meerrettich darüberreiben. Die Täubchen mit der Schere halbieren und auf die Linsen gebettet servieren.

BEILAGE
Hier genügt Brot, zum Auftunken der Sauce.

GETRÄNK
Dazu passt ein schöner, üppiger Rotwein, ein Spätburgunder etwa oder ein fruchtiger Chianti Classico.

TIPP
Frischer Meerrettich ist immer ein viel größerer Genuss als der aus dem Glas. Die Wurzel lässt sich auch einfrieren, dann hat man länger etwas davon: gut in einen Plastikbeutel verpackt, damit sie nicht austrocknet. Bei Bedarf dann von der gefrorenen Wurzel einfach das Stück, das man zu verbrauchen vorhat, schälen und im gefrorenen Zustand direkt über das Essen reiben. Anschließend die Wurzel wieder gut verpacken und zurück in den Tiefkühler legen. So kann man den Meerrettich nicht nur bis zum letzten Stück verbrauchen, sondern sich auch über den langen meerrettichlosen Sommer hinwegretten, bis im September/Oktober endlich wieder frischer auf den Markt kommt.

Frühlings-rollen & Wan Tans

Frühlingsrollen & Wan Tans
Gefüllt, gewickelt und gerollt

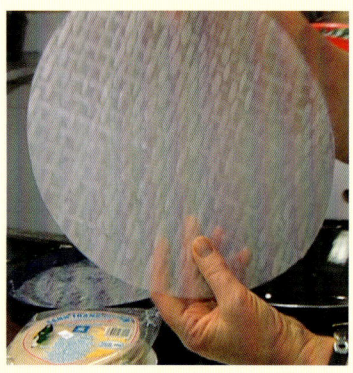

In allen Küchen Asiens liebt man Frühlingsrollen, und überall sehen sie ein wenig anders aus: In Vietnam zum Beispiel werden die frischen, mit Salatblättern gefüllten Glücksrollen in eine Hülle aus Reispapier gewickelt, die roh verzehrt wird. In Thailand nimmt man dieselben Reispapierblätter, füllt sie mit mehr oder weniger rohen Zutaten, formt daumenlange Röllchen daraus und frittiert sie. Dann gibt es die großen Frühlingsrollen, wie man sie in Indonesien schätzt. Oder die hübschen Wan Tans aus der kantonesischen Küche, kleine Teigtaschen, gebacken, gedämpft oder in Brühe gesotten. Das Schöne ist: Man braucht in keinem Fall die Teighülle selbst zu machen, die kann man im Asia-Laden fertig kaufen. Entweder getrocknet, wie die Blätter aus Reismehl, oder frisch im Kühl- oder Tiefkühlregal.

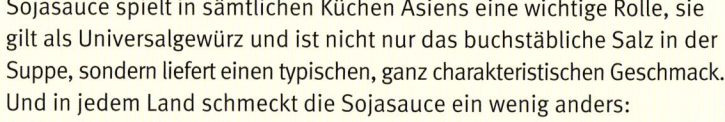

Warenkunde: Die verschiedenen Sojasaucen

Sojasauce spielt in sämtlichen Küchen Asiens eine wichtige Rolle, sie gilt als Universalgewürz und ist nicht nur das buchstäbliche Salz in der Suppe, sondern liefert einen typischen, ganz charakteristischen Geschmack. Und in jedem Land schmeckt die Sojasauce ein wenig anders:

Für die dunkle Würzsauce nimmt man in China Sojabohnen, die zusammen mit etwas Weizen oder Gerste und Hefe fermentiert oder vergoren werden. Die chinesische Küche kennt verschiedene Varianten: Für dunkles Fleisch und kräftige Aromen schätzt man eine sehr dunkle, würzige Sojasauce, oft noch mit Pilzaroma angereichert. Die dunkle Farbe rührt häufig von Zuckercouleur her, auch findet man in der Sauce mitunter Geschmacksverstärker (Glutamat) und Konservierungsstoffe – die will man nicht so gern essen, ein Blick aufs Etikett ist also angesagt!

Die hellere Sojasauce wird ausschließlich aus Sojabohnen gebraut, sie ist auch milder im Geschmack und besonders bei Fisch und Geflügel geeignet.

Japanische Sojasauce wird im Gegensatz zur chinesischen nicht ausschließlich aus Sojabohnen, sondern zu gleichen Teilen aus Soja und geröstetem Weizen auf natürliche Weise fermentiert und reift über mehrere Monate hinweg. Sie ist reiner im Geschmack, wirkt leichter, frischer und delikater. Sie ist für Japaner unentbehrlich und gehört zu allen Speisen in die Küche und auf den Tisch.

In Vietnam und Thailand ist die Fischsauce das Universalgewürz, nuoc mam oder nam plaa. Sie wird aus fermentierten Anchovis, Salz und Wasser hergestellt und reift über Monate an der Sonne. Ihr Geruch mag durchdringend und für eine ungeübte Nase befremdlich sein, aber ihre Wirkung im Essen ist grandios. Fischsauce ist in den Küchen Thailands und Vietnams so wichtig wie in China und Japan die Sojasauce. Trotzdem wäre auch dort ohne Sojasauce das Gewürzregal nicht komplett. Manche Rezepte der Thai- und der vietnamesischen Küche haben sich aus der chinesischen Küche entwickelt und brauchen unbedingt die Würze der klassischen Sojasauce. Man bevorzugt jedoch meist die helle chinesische Variante, nur bei sehr würzigen, geschmorten Schweinefleischrezepten nimmt man auch die kräftige dunkle Sorte.

Indonesische Sojasauce ist meist gesüßt und in der Konsistenz erheblich dicker als chinesische. Und sie hat immer einen ausgeprägt karamelligen Geschmack. Auch sie ist bei uns nahezu überall problemlos zu bekommen. Ob es sich um süße oder salzige Sauce handelt, ist meist am Flaschenhals vermerkt. Unbedingt darauf achten, denn zum Kochen ist die gesüßte oft zu schwer. Man verwendet sie zum Nachwürzen bei Tisch und nimmt zum Kochen lieber die salzige.

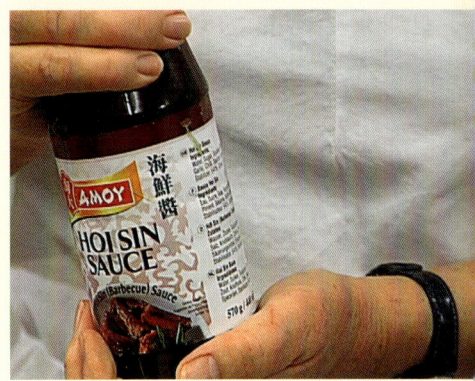

Holzbretter in der Küche

Arbeiten Sie auch lieber mit Holz- als mit Plastikbrettern? Das ist auch gut so, denn Holz ist lebendig und wirkt antibakteriell, während sich in den Schnittrillen von Plastikbrettern Bakterien nicht nur lange halten, sondern auch noch vermehren.

Holz ist sehr strapazierfähig und wunderbar pflegeleicht. Aber wie kriege ich unschöne Flecken aus meinem Holzbrett, werden wir häufig gefragt. Meist ist es so, dass sie ohnehin im Laufe der Zeit verschwinden, wenn die Bretter regelmäßig in Gebrauch sind und ständig geschrubbt werden. Auch kommt es darauf an, um welches Holz es sich handelt. Helle Ahornbretter zum Beispiel werden am besten mit Scheuersand (oder Scheuermilch) und einer groben Bürste bearbeitet. Das kann man mit anderen Holzarten auch, aber während Ahornbretter dadurch im Laufe der Zeit wunderschön hell, fast weiß werden, bekommen andere Hölzer, wie etwa Mahagoni oder Teak, einen eher unschönen weißlichen Film. Das lässt sich übrigens wieder beheben, indem man die gründlich gesäuberten und getrockneten Bretter mit Olivenöl einölt – ganz dünn, dafür ruhig mehrmals. Unbedingt Olivenöl nehmen, weil das weniger leicht ranzig wird als andere Öle und das Brett dadurch keinen unangenehmen Geschmack bekommt.

In jedem Fall dürfen Sie sich den Holzbrettern mit heißem Wasser und Spülmittel nähern, auch feste bürsten, damit das zwischen den Poren sitzende Fett entfernt wird. Wenn das Holz durch zu starkes Scheuern hell geworden ist, ebenfalls einölen.

Unschöne und hartnäckige Fettflecke können Sie durch Talkumpuder (in der Apotheke auch als Meerschaumpulver erhältlich) entfernen: Das Pulver dick auf dem Fleck verteilen und über Nacht wirken lassen. Am nächsten Tag gründlich abspülen – gegebenenfalls die Behandlung wiederholen. Bei Buchenbrettern gelingt das allerdings nicht so gut, hier dringt Fett ziemlich tief in die Poren ein. Aber trösten Sie sich: häufiger Gebrauch und jedes Mal tüchtiges Bürsten hilft. Und wenn Sie die Flecken zu arg stören, können Sie die Bretter mit einer großen Messer- oder Ziehklinge abziehen oder gleich vom Schreiner abhobeln lassen. Dann sind sie wieder wie neu.

Thailändische Frühlingsröllchen

Wie in Vietnam verwendet man auch in Thailand für diese Röllchen gern die Reispapierblätter, es genügt eine Nummer kleiner (Durchmesser ca. 12 Zentimeter). Ansonsten nimmt man genauso gern Frühlingsrollenhüllen aus Weizenmehl, die es in zweierlei Größen gibt: große mit einer Kantenlänge von etwa 25 Zentimeter, kleinere mit etwa 10 Zentimeter. Die sind für die klassischen Röllchen, die etwa männerdaumenlang sind und zum Beispiel so gefüllt werden:

1 Die Glasnudeln in einer Schüssel mit kochendem Wasser bedecken und 30 Minuten lang einweichen. Das Schweinehackfleisch mit Stärke, gehacktem Ingwer, Knoblauch, Chili und den in feine Scheibchen geschnittenen Frühlingszwiebeln gründlich verkneten. Am Ende die mit einer Schere klein geschnittenen, eingeweichten Glasnudeln untermischen. Diese Füllung mit Sojasauce, Sesamöl, Pfeffer, Salz und Zucker kräftig würzen. Die Kräuter nicht zu fein schneiden und ebenso untermischen.

2 Nun geht es an die Röllchen. Sie müssen straff genug gewickelt werden, damit sie sich nicht auflösen, aber wiederum nicht zu stramm, weil sich in der Hitze die Füllung ausdehnt und womöglich die Hülle sprengt. Die Röllchen nacheinander wickeln, nicht alle Hüllen auf einmal ausbreiten – sie trocknen sonst aus. Jeweils 1 Esslöffel Füllung auf eine der vier Ecken betten, rechts und links die Seiten darüberklappen und dann die Röllchen aufwickeln. Solange man jedes Röllchen auf seiner Spitze lagert, kann es sich nicht öffnen. Und wenn man es mit dieser Seite zuerst ins heiße, aufrauschende Fett gleiten lässt, verschließt es sich sofort und behält fortan seine Form. Man kann sie jedoch auch sicherheitshalber mit etwas Eiweiß festkleben.

3 Im heißen Öl schwimmend knusprig ausbacken und auf Küchenpapier gut abtropfen lassen. Vor dem Servieren ein zweites Mal frittieren, weil sie sich dann noch schöner braun färben und knuspriger bleiben.

GETRÄNK
Entweder der Drink zum Aperitif, Sekt oder ein trockener Sherry. Natürlich passt immer ein Pils oder heißer oder kalter Ingwertee.

ZUTATEN
Für vier bis sechs Personen:

50 g Glasnudeln
300 g Schweinehackfleisch
1 TL Speisestärke
je 1 gehäufter TL fein gewürfelter
Ingwer und Knoblauch
½ TL gewürfelter Chili
2-3 Frühlingszwiebeln
1 EL Sojasauce
1 TL Sesamöl
Pfeffer, Salz
Zucker
je 1 kleine Handvoll
Koriander- und Thai-Basilikumblätter

Außerdem:
12 Frühlingsrollenhüllen
aus Weizenmehl (ca. 10 cm)
eventuell 1 Eiweiß
Öl zum Ausbacken

TIPP
Man kann die Röllchen gut vorbereiten und backt sie dann unmittelbar vor dem Servieren im Backofen auf.

Vietnamesische Glücksrollen

Wunderschön sind diese Rollen, und zugleich auch leicht, frisch und bekömmlich. Man kann sie prima vorbereiten und sie sind eine herrliche Vorspeise oder ein fabelhafter Happen zum Aperitif.

1 Die Reispapierblätter einzeln in Wasser tauchen, dann immer 2 Stück so aufeinanderlegen, dass die gerippte Seite nach außen zeigt. Auf der mit einem großen Tuch bedeckten Arbeitsfläche oder einem Tablett nebeneinander ausbreiten und ca. 15 Minuten liegen lassen, bis sie durchgeweicht und nicht mehr transparent sind. Vorsicht: Sie kleben leicht aneinander, deshalb immer gut getrennt halten.

2 Die frischen Zutaten vorbereiten: Salatblätter waschen; Gurke schälen, längs halbieren, mit einem Löffel die Kerne herausstreifen, die Gurkenhälften längs in streichholzfeine Streifen schneiden. Korianderblätter und Thai-Basilikum von den Stielen zupfen. Sojakeime waschen und abtropfen lassen.

3 Anschließend für die Füllung die Garnelen längs halbieren – wenn nötig den Darm entfernen – und mit Stärke einreiben.

4 Im Wok beide Ölsorten erhitzen und die Garnelen darin 1 Minute unter Rühren braten. Ingwer, Knoblauch, Chili sowie die in feine Ringe geschnittenen Frühlingszwiebeln zufügen und mit Sojasauce, Sherry und Zucker würzen.

5 Jetzt werden die Rollen zusammengebaut und aufgerollt. Auf jedes Reispapierpaar ein Salatblatt setzen, dorthinein die verschiedenen Zutaten betten: Gurkenstreifen, Sojakeime, zerzupfte Kräuterblätter und 1 Esslöffel von den gebratenen Garnelen. Das Reispapier über der Füllung zusammenfalten, auch von rechts und links einschlagen und zu einer festen Rolle aufwickeln. So kann man sie mit einem Tuch oder angefeuchteten Küchenpapier zugedeckt im Kühlschrank bis zum Essen aufbewahren.

6 Zum Servieren wird jede Rolle schräg in zwei Hälften geschnitten und auf Salatblättern angerichtet. Mit diesem kann man die Rolle gut anfassen, in den Dip stippen und zum Mund führen.
Dazu passen die beiden Dips auf der nächsten Seite.

ZUTATEN
Für vier Personen:

12 große runde Reispapierblätter
(Durchmesser 28 cm)
6 schöne Salatblätter
½ Salatgurke
Koriandergrün
Thai-Basilikum
200 g Sojakeime

Füllung:
300 g Garnelenschwänze
(ausgelöst, aber roh)
1 TL Speisestärke
2 EL neutrales Öl
1 TL Sesamöl
je 1 TL fein gewürfelter Ingwer
und Knoblauch
½ TL gewürfelte Chili
2 Frühlingszwiebeln
1 EL Sojasauce
1 EL Sherry
1 Prise Zucker

Vietnamesischer Fischsaucen-Dip

Dafür 3 Esslöffel Fischsauce mit je ½ Teelöffel fein gewürfeltem Ingwer, Knoblauch, Chili und 1 Esslöffel geriebener Möhre, 1 Teelöffel Zucker, 2 Esslöffeln Zitronensaft und 1 Schuss Brühe verrühren.

Klassischer Hoisin-Dip

3 Esslöffel Hoisinsauce mit 2 Esslöffeln Orangensaft und abgeriebener Orangenschale glatt rühren.

GETRÄNK
Ein kraftvoller, aromatischer Wein ist hier geeignet, etwa eine Scheurebe vom Weingut Wittmann in Rheinhessen.

Wan Tans

Diese herrlichen Teigtäschchen servieren die Chinesen entweder in einer Brühe, dann braucht die Teighülle die Füllung nicht fest zu umschließen, sondern darf sie ruhig lose umflattern. Man kann die Wan Tans auch im heißen Fett ausbacken, dann allerdings sollte die Teighülle besser dicht sein, in diesem Fall klebt man sie am besten mit Eiweiß zusammen. Oder man gart sie in einem Dämpfkorb über heißem Wasserdampf.

1 Die Wan-Tan-Hüllen auftauen und bereithalten.

2 Für die Füllung das Hähnchenfleisch zunächst mit einem Messer würfeln, dann auf der Arbeitsfläche ausbreiten, Ingwer, Knoblauch und Chili darauf verteilen und alles miteinander fein hacken, unbedingt mit dem Messer – im Mixer wird die Masse zu sehr zermust. Dabei auch etwas Speisestärke einarbeiten, außerdem die fein geschnittenen Frühlingszwiebeln, Möhrenstreifen und das Weiße vom Lauch.

3 Diese Mischung kräftig abschmecken, mit Sojasauce, Sesamöl, Salz, Pfeffer und Zucker. Jeweils 1 Teelöffel davon in die Teigblätter packen.

4 Für **gesottene Wan Tans** die Teigblätter nur lose verschließen und in Hühnerbrühe 2 bis 3 Minuten sanft gar ziehen lassen. Mit Schnittlauchröllchen bestreut in Suppenschälchen servieren.

ZUTATEN

Für vier bis sechs Personen:

1 Päckchen Wan-Tan-Hüllen
aus dem Asia-Laden
ca. 1 l Hühnerbrühe
evtl. 1 Eiweiß

Füllung:

300 g Hähnchenfleisch
je 1 TL gewürfelter
Ingwer und Knoblauch
½ TL fein gewürfelter Chili
1 TL Speisestärke
2-3 Frühlingszwiebeln
1 kleine Möhre
½ Lauchstange
1 EL Sojasauce
1 TL Sesamöl
Salz, Pfeffer
Zucker
Schnittlauch

5 Zum **Dämpfen** die Teigblätter ebenso füllen und so nach oben zusammendrücken, dass kleine Beutelchen entstehen. Auf ein mit Sesamöl bepinseltes Dämpfsieb setzen und über heißem Dampf etwa 5 bis 8 Minuten garen.

6 Für **gebackene Wan Tans** das Teigblatt mit Eiweiß einpinseln, damit es gut zusammenhaftet. Zu einem Dreieck falten und rundum gut zusammendrücken, sodass die Füllung nicht herausquellen kann. Die Dreiecke in heißem Öl schwimmend goldbraun ausbacken. Auf Küchenpapier abtropfen lassen. Dazu einen unserer Glückrollen-Dips servieren.

TIPP

Die hauchdünnen Teighüllen, die im Asia-Laden meist tiefgekühlt angeboten werden, sind aus einer Art Nudelteig, hauchdünn ausgewalzt. Man taut sie am besten im Kühlschrank auf – dann kann man so viele Blätter entnehmen, wie man braucht, und den restlichen Stapel wieder einfrieren. Wichtig: Der Teig darf weder zu feucht werden, sonst klebt er nach dem nächsten Auftauen unrettbar zusammen, noch austrocknen. Deshalb immer gut verschlossen halten, am besten in einer Plastiktüte.

Indonesische Frühlingsrollen

Die sehen etwa so aus wie die großen Exemplare, die man bei uns in der Tiefkühltruhe vom Supermarkt findet – aber wir schwören Ihnen: unsere schmecken besser! Man braucht hierfür die großen Teigblätter aus dem Asia-Laden, mit einer Kantenlänge von etwa 20 bis 25 Zentimetern. Wir backen die Frühlingsrollen übrigens im Backofen, das spart ein paar Kalorien im Vergleich zum Backen im heißen Öl.

1 Die Teigblätter auftauen. Hackfleisch im Wok oder in einer großen Pfanne im heißen Öl (beide Sorten mischen) unter Rühren krümelig braten, dabei Ingwer, Knoblauch und Chili sowie die gewürfelte Zwiebel zufügen. Erst wenn das Fleisch nicht mehr roh ist, die in Scheibchen geschnittenen Frühlingszwiebeln untermischen, ebenso den in feine Streifen geschnittenen Chinakohl, die in Streifen gehobelte Möhre und schließlich die Sojakeime. Jetzt alles nur noch ganz kurz vermengen und sehr intensiv mit der Sojasauce, Salz, Pfeffer, Zucker und den fein gehackten Korianderblättern würzen, nach Gusto mit Chilisauce schärfen.

2 Die Füllung ein wenig abkühlen lassen, dann in die Teigblätter wickeln – nach demselben Prinzip wie die kleinen Frühlingsröllchen von Seite 95. Auch hier darauf achten, dass nichts herauspurzeln kann.

3 Diese Päckchen kann man natürlich durchaus in heißem Öl schwimmend backen. Wir finden es allerdings besser und bekömmlicher, wenn man sie auf einem Blech im Ofen gart. Dafür werden sie zuvor zwar mit etwas Öl bestrichen – aber sie kriegen so trotzdem weniger Fett ab, als wenn man sie frittiert.

4 Die indonesischen Frühlingsrollen isst man mit Messer und Gabel, dazu gibt's den Ingwer-Dip mit Frühlingszwiebeln oder einen Chilisaucen-Dip.

ZUTATEN
Für vier bis sechs Personen:

8–12 große TK-Frühlingsrollenblätter
500 g Hackfleisch
2-3 EL neutrales Öl
1 EL Sesamöl
je 1 EL fein gewürfelter Ingwer und
Knoblauch
1 TL fein gewürfelte Chili
1 rote Zwiebel
1-2 Frühlingszwiebeln
1 nicht zu großer Chinakohlkopf
(ca. 300 g)
1 Möhre
150 g Sojakeime
1-2 EL Sojasauce
Salz, Pfeffer
Zucker
Koriandergrün
evtl. 1 EL Chilisauce

Chilisaucen-Dip

Dafür Chilipüree (etwa Sambal oelek) mit 1 Esslöffel indonesischer Sojasauce und 1 Schuss Brühe glatt rühren.

GETRÄNK
Natürlich passt auch hier ein Pils als Getränk, ebenso ein Ingwer- oder Zitronengrastee. Ideal ist auch ein eleganter Riesling von der Mosel.

Ingwer-Dip
mit Frühlingszwiebeln

Dafür 2 Esslöffel fein geriebenen Ingwer und 2 Esslöffel sehr feine Frühlingszwiebelscheibchen mit 3 Esslöffeln Sojasauce, 1 Teelöffel Sesamöl sowie 2 Esslöffeln Brühe verrühren.

Fingerfood: Häppchen aus der Hand

Fingerfood:
Häppchen aus der Hand

Leckerbissen für Gäste

Nie sollte man trinken, ohne gleichzeitig einen Happen dazu zu essen. Sonst steigt der Wein allzu schnell in den Kopf und es entsteht bald ein leeres Gefühl im Magen. Wir empfehlen daher, wenn sich Ihre Gäste schon vor dem Essen zu einem Glas Wein oder Drink versammeln, gleich ein paar Häppchen zu servieren. Das kann alles Mögliche sein: von den altbekannten Klassikern Oliven oder Nüsschen über Käsewürfel, Schinken & Wurst bis zu Salzstangen – die üblichen Snacks also, wenn man Gäste erwartet. Interessanter sind natürlich kleine Leckerbissen. Wichtig ist, dass sie sich gut vorbereiten lassen oder ganz schnell zubereitet sind.

Was in den Vorratsschrank gehört

Mit den richtigen Zutaten im Haus können einen Gäste nicht durcheinanderbringen, selbst wenn sie sich nicht oder kurzfristig angesagt haben. Dazu gehören die unverwüstlichen Oliven (in Öl oder in Lake eingelegt), Cracker und anderes Salzgebäck, Nüsse aller Art (von Cashew bis Erdnuss), Thunfisch in der Dose (aus dem sich schnell ein Dip mixen lässt) und Anchovis (möglichst in Olivenöl eingelegt, weil diese besser schmecken), aus denen man zum Beispiel mit Frischkäse eine würzige Paste für Crostini herstellen kann.

Dips, für die man kein Rezept braucht

Ein Blick in den Kühlschrank – und dann fehlt manchmal nur die zündende Idee. Zum Beispiel:

- **Würste** (luftgetrocknete aus Südtirol, Salsicce, Salami oder Blutwurst), Schinken und Speck – alles dünn aufgeschnitten auf einer Platte anrichten.
- **Käsewürfel:** Schnitt- oder Halbschnittkäse, statt der üblichen Trauben zum Beispiel gekochte Wachtelbohnen mit einem Zahnstocher drauf befestigen.

- **Ungeröstete Erdnüsse oder geschälte Mandeln:** mit ein paar Tropfen Öl in der Pfanne rösten, dann mit Salz, Pfeffer, eventuell auch mit Currypulver würzen. Unbedingt auf Küchenpapier abkühlen lassen, dann sind sie wieder knusprig.

- **Frischkäse:** mit Salz, Pfeffer, Zitronenschale und Kräutern glatt rühren und als Dip zu Salzstangen servieren. Oder mit Wasabi und Zitronensaft würzen und zu Ofenfritten reichen: Kartoffeln in fingerdicke Streifen schneiden, auf einem Blech mit Olivenöl benetzen und dann bei 200 °C Ober- und Unterhitze (Heißluft 180 °C) ca. 15 Minuten backen.
- **Schafskäse:** in Würfel schneiden und mit Streifen von hauchdünn geschnittenem Speck oder gekochtem Schinken umwickeln; wenn vorhanden, 1 Basilikumblatt dazwischenlegen. Mit Zahnstochern aufspießen.

- **Trockenpflaumen:** statt des Steins eine Mandel hineinstecken, mit Speck umwickeln und in der Pfanne oder auf einem Blech im Backofen kross braten.
- **Thunfischcreme:** Thunfisch (aus der Dose in Olivenöl!) mit Knoblauch, weißer Zwiebel, etwas frischer Chilischote, Salz, Pfeffer, Zitronensaft und glatter Petersilie sowie einem guten Schuss frischem Olivenöl glatt mixen. Diese Creme mit (Reis-)Crackern zum Dippen servieren.
- **Speckcreme:** Fetten Bauchspeck würfeln und im Mixer zur glatten Creme pürieren. Auf Weißbrot, dunklem Brot oder auf Crostini (gerösteten Brotscheiben) servieren. Nach Belieben auch den gebeizten Lardo dafür nehmen, den fetten rohen Rückenspeck aus Italien. Man kann die Speckcreme noch würzen, indem man Knoblauch, Rosmarinnadeln und Chili mitmixt.

Hähnchen-Kokos-Dip

Schmeckt verführerisch gut. Und ist ein fabelhafter Aperitifhappen zusammen mit den sonst geschmacklosen Reiscrackern – übrigens auch einfach zum Dippen beim Fernsehen prima ...

1 Die Currypaste in einem Topf im heißen Öl anrösten, dabei Ingwer und Knoblauch zufügen. Das Hähnchenfleisch mit einem großen Messer hacken, mit Stärke vermischen, in den Topf geben und nur kurz unter Rühren braten, dabei mit Zucker bestreuen und karamellisieren. Die in feine Ringe geschnittenen Frühlingszwiebeln zufügen und mit Kokosmilch ablöschen.

2 Einige Minuten leise einköcheln lassen, mit Fischsauce und 1 guten Prise Zucker würzen. Am Ende mit Zitronensaft, -schale und dem fein geschnittenen Kaffir-Limonenblatt würzen. Und das nicht zu fein geschnittene Koriandergrün einrühren. Es soll eine dicke, scharf-würzige, aber samtige Creme entstehen, von der man sich mit einem Löffel einen Happen auf Reiscracker häuft und genießt.

ZUTATEN

Für sechs Personen:

1 TL rote Currypaste
1 EL neutrales Öl
je 1 EL fein gewürfelter
Ingwer und Knoblauch
200 g Hähnchenbrustfilet
1 TL Speisestärke
1 TL Zucker
2 Frühlingszwiebeln
200 ml Kokosmilch
2 EL Fischsauce
Zucker
Zitronensaft und -schale
evtl. 1 Kaffir-Limonenblatt
Koriandergrün

Außerdem:
Reiscracker oder Kropoek

TIPP

Kropoek sind Reiscracker aus Indonesien. Man kauft sie entweder fix und fertig im Asia-Laden oder man nimmt die trockenen Chips aus Garnelenmehl, die man in Öl schwimmend ausbacken muss; dabei vergrößern sie sich um ein Vielfaches und werden wunderbar knusprig. Kropoek eignen sich prima zum Aufdippen der Creme.

Würziges Hack im Salatblatt

Scharf gewürztes, geröstetes Hackfleisch, serviert auf Salatblättern, damit man es mühelos aus der Hand essen kann. Schnell und mühelos gemacht, ein leichter, witziger Happen zum Aperitif.

1 Frühlingszwiebeln putzen, das Weiße in feine Streifen schneiden und im heißen Öl andünsten. Ingwer und den gehackten Knoblauch dazugeben, ebenso die Hälfte der in Streifen geschnittenen Chilis. Das Hackfleisch zufügen und unter Rühren braten, bis es krümelig geworden ist. Salzen, pfeffern, mit Zucker bestreuen und mit Fischsauce beträufeln. Etwa 5 Minuten schmurgeln lassen, bis sich alles gut verbunden hat und schön duftet. Jetzt das fein geschnittene Frühlingszwiebelgrün und die grob gehackten Kräuter unterrühren.

2 Etwas auskühlen lassen, kaffeelöffelgroße Häufchen auf die Salatblätter setzen. Mit Korianderblättern und feinen Chilistreifen dekorieren.

ZUTATEN
Für sechs Personen:

2 Frühlingszwiebeln
1 EL Erdnussöl
1 TL Sesamöl
1 TL gehackter Ingwer
2 Knoblauchzehen
1-2 rote Chilis
250 g Schweinehackfleisch
Salz, Pfeffer
1 TL Zucker
1 EL thailändische Fischsauce
Basilikum, Koriandergrün

Außerdem:
Blätter von Salatherzen oder Chicorée

Hackfleischbällchen
mit Aioli oder Wasabi-Dip

Isst man mit der Hand oder spießt sie mit Zahnstochern auf, mit denen sie sich zuerst in den Dip tauchen und dann zum Mund führen lassen.

1 Brötchen oder Weißbrot würfeln, mit heißer Milch (oder Wasser) beträufeln und einweichen. Dann gut ausgedrückt mit dem Hackfleisch in eine Schüssel geben. Die Schalotten oder Zwiebel fein würfeln oder reiben, im heißen Öl andünsten, den durchgepressten oder geriebenen Knoblauch zufügen (oder einfach in der Mikrowelle dünsten), am Ende die fein gehackte Petersilie dazugeben. Das Ei zufügen und nun alles gut miteinander mischen und mit Salz und Pfeffer würzen. Den Teig jetzt in 2 Portionen teilen – jede Hälfte nach Gusto weiterverarbeiten:

2 Für **die asiatische Variante** mit Currypaste, Zitronenschale, Soja- und Fischsauce, mit Sesamöl und Zucker sowie reichlich fein gehacktem Koriandergrün würzen. Mit angefeuchteten Händen Minikügelchen rollen (etwa Murmelgröße) und diese in Reisnudelkrümeln wälzen. Dafür trockene Reisnudeln mit der Schere in Stücke schneiden und im Mixer zu Krümeln zerkleinern.

3 Für die **mediterranen Bällchen** Hackfleisch mit Thymian, Oregano, fein geschnittenem Basilikum und Balsamico würzen; die kleinen Bällchen mit Polentagrieß panieren.

4 Beide Bällchen-Varianten sofort im heißen Öl knusprig backen. Beim Braten die Pfanne unermüdlich schütteln, damit sich die Bällchen drehen und gleichmäßig knusprig-kross werden.

5 Die asiatisch gewürzten Bällchen mit einem Wasabi-Dip servieren, die mediterranen mit Aioli, der herzhaften Knoblauchmayonnaise.

ZUTATEN

Für sechs bis acht Personen:

1 Brötchen oder 2 Scheiben Weißbrot
125 ml Milch oder Wasser
500 g Hackfleisch
2 Schalotten oder 1 Zwiebel
2 EL ÖL
2-3 Knoblauchzehen
1 Bund glatte Petersilie
1 Ei
Salz, Pfeffer

Asiatische Variante:
½ TL rote Thai-Currypaste
abgeriebene Zitronenschale
je 1 Spritzer Soja- und Fischsauce
1 Schuss Sesamöl
1 Prise Zucker
Koriandergrün
Reisnudeln zum Panieren

Mediterrane Variante:
1 TL Thymian (gut sind Thymian-
blüten – gibt's im Feinkostladen)
1 TL Oregano, frisches Basilikum
Balsamico
grober Polentagrieß zum Panieren
Olivenöl zum Braten

Aioli

Knoblauch durch die Presse drücken, mit Eigelb und Senf verrühren.
Mit dem Pürierstab aufschlagen, dabei langsam das Öl hinzufließen
lassen, bis eine dicke gelbe Creme entstanden ist. Mit Salz, Pfeffer,
Essig und Zucker würzen. So viel Brühe untermixen, bis die gewünschte
Konsistenz erreicht ist.

Übrigens: Diese Aioli schmeckt auch wunderbar als Dip zu Gemüse-
streifen oder als Aufstrich auf Crostini.

TIPP

*Die Zutaten sollten unbedingt alle die gleiche, nämlich Zimmertempera-
tur haben, sonst erhält man keine glatte Bindung und die Aioli gerinnt.*

ZUTATEN
Für sechs Personen:

3 Knoblauchzehen
1 Eigelb
1 TL scharfer Senf
125 ml Öl
Salz, Pfeffer
einige Tropfen Weißweinessig
1 Prise Zucker
3-4 EL kalte Hühnerbrühe

Wasabi-Dip

Die saure Sahne mit 1 Prise
Zucker, Salz, Pfeffer und Wasabi
glatt rühren. Mit Zitronensaft
abschmecken.

ZUTATEN
Für sechs Personen:

1 Becher saure Sahne
1 Prise Zucker, Salz, Pfeffer
1 EL Wasabipulver
oder Wasabicreme (aus der Tube)
Zitronensaft

Salbeimäuschen mit Anchovis

Ein origineller Leckerbissen. Dafür werden die Salbeiblätter mit Anchovis-paste bestrichen, in Ausbackteig getaucht und frittiert.

1 Alle Teigzutaten mit einem Schneebesen glatt quirlen, 30 Minuten ruhen und quellen lassen.

2 Die Zutaten für die Anchovispaste in einem kleinen Mixbecher pürieren.

3 Die Salbeiblätter einzeln mit der Paste bestreichen, anschließend durch den Teig ziehen und gut abtropfen lassen. Zum Schluss im hei-ßen Öl schwimmend knusprig backen.

ZUTATEN
Für vier bis sechs Personen:

Ausbackteig:
120 g Mehl
2 Eier
125 ml Weißwein
50 g zerlassene Butter
1 Prise Zucker
Salz

Anchovispaste zum Bestreichen:
4 schwarze Oliven
½ Knoblauchzehe
einige Basilikumblätter
ca. 10 Anchovisfilets (in Olivenöl)
1 guter Schuss Olivenöl

Außerdem:
große, frische Salbeiblätter
Öl zum Ausbacken

TIPP

Wie immer beim Ausbacken wird's knuspriger, wenn man zweimal frit-tiert. Beim ersten Mal nur blond werden lassen, kurz abkühlen lassen und ein zweites Mal ins heiße Fett tauchen.

Variante: Die Salbeiblätter ohne alles in den Teig tauchen, dazu eine süße Aprikosensauce reichen: ein hübsches Dessert.

Datteln im Speckmantel

Aufpassen, dass man keine zu großen Datteln erwischt, sonst lassen sie sich nicht angenehm aus der Hand essen. Besonders große Exemplare kann man auch halbieren und über der Füllung zusammenschlagen. Die Speckscheibe hält dann am Ende alles zusammen.

Die Datteln aufschlitzen und entsteinen. Mit je 1 Würfel Gorgonzola füllen, nach Geschmack 1 Blättchen Petersilie oder Basilikum obenauf betten. Anschließend die Dattel zusammendrücken, in je 1 dünne Speckscheibe hüllen und auf einem Blech oder in reichlich Fett schwimmend im Wok oder in der Pfanne knusprig braten. Auf Küchenkrepp gründlich abtropfen lassen. Mit Zahnstochern aufspießen und auf Salatblättern servieren.

ZUTATEN
Für sechs Personen:

12 getrocknete Datteln
ca. 100 g Gorgonzola
evtl. Petersilie oder Basilikum
12 dünne Scheiben
durchwachsener Bauchspeck

Avocado-Dip

Dafür unbedingt rechtzeitig die Avocado einkaufen, denn leider werden diese Früchte bei uns ja fast ausschließlich im ungenießbaren Zustand angeboten, nämlich unreif und steinhart. 1 Woche etwa brauchen sie bei Zimmertemperatur – wenn sie neben Äpfeln liegen, könnte es ein wenig schneller gehen. Die Kunst ist, den richtigen Zustand zu erfühlen: Dann gibt das Fleisch auf behutsamen Druck sanft nach, etwa wie Butter. Wenn sie zu lange reifen, werden sie allerdings innen schwarz und verderben ziemlich rasch.

1 Die Avocados schälen, halbieren und den Stein auslösen. Das Fruchtfleisch mit einer Gabel zerdrücken, dabei reichlich Zitronensaft zufügen – so bleibt es schön grün, außerdem braucht es unbedingt viel Säure, um Geschmack zu entwickeln. Mit Fischsauce würzen und sehr fein gewürfelte (oder geriebene) Schalotte und Knoblauch unterrühren. Piment und Pfeffer im Mörser fein zerstoßen, zusammen mit Cayennepfeffer und Salz unter die grüne Creme rühren. Der Dip sollte frisch, säuerlich und schön würzig schmecken.

2 Die Tomaten häuten (dafür zuvor überbrühen und eiskalt abschrecken), entkernen, das Fleisch würfeln. Mit fein geriebener (gehackter) Schalotte und Knoblauch vermengen und mit Salz, Pfeffer sowie Olivenöl anmachen. In einem Sieb 30 Minuten abtropfen lassen. Dann erst das Koriandergrün unterrühren.

Servieren: Die Avocadocreme in der Mitte einer Platte aufhäufen, die Tomaten drum herum anrichten.

Zum Stippen: Salzgebäck und Cracker, Crostini.

ZUTATEN

Für vier bis sechs Personen:

1-2 reife Avocados
(je nach Größe der Früchte)
Saft von 1 Zitrone
1 Spritzer thailändische Fischsauce
1 Schalotte oder weiße Zwiebel
2 Knoblauchzehen
2-3 Pimentkörner
1 TL Pfefferkörner
Cayennepfeffer
Salz

Außerdem:

ca. 300 g reife, feste Tomaten
1 kleine Schalotte
1-2 Knoblauchzehen
Salz (Fleur de Sel)
Pfeffer
1-2 EL Olivenöl
Koriandergrün

Wann ist eine Avocado reif?

Was man im Gemüseregal im Handel an Avocados findet, ist in fast allen Fällen noch lange nicht genießbar. Die Früchte sind viel zu fest, oft sogar steinhart, weil noch absolut unreif.

In letzter Zeit werden manchmal auch schon genussreife Früchte angeboten, sie sind in Zellophan verpackt und tragen einen Extra-Aufkleber: verzehrbereit. Aber das ist die Ausnahme. Meistens muss man Avocados zu Hause noch mindestens eine Woche nachreifen lassen. Das geschieht am besten bei Zimmertemperatur. Gut ist, wenn man sie dabei vor unachtsamen Stößen schützt, indem man sie lose in Zeitungspapier einwickelt.

Die Früchte verändern sich beim Nachreifen. Sie verlieren ihre leuchtend grüne Farbe, auch ihren Glanz, werden dumpfer, manchmal auch ein wenig gelber, und bekommen zunehmend dunkle Flecken. Ob die Früchte reif sind, lässt sich allerdings von außen weniger sehen, sondern mehr spüren: Reife Früchte geben sanft nach, wenn man sie behutsam drückt, ihr Fleisch wird weicher. Wenn es sich anfühlt wie streichfähige Butter, dann hat eine Avocado den richtigen Reifegrad erreicht. Das Fleisch ist jetzt hell- bis gelblich-grün, sanft in der Konsistenz und der Geschmack fruchtig und nussig. Schwarze Flecken muss man herausschneiden, an diesen Stellen ist das Fleisch verdorben. Zu lang gelagerte Früchte entwickeln Fäden im Fleisch, die man herausziehen kann; wenn es zu viele sind, muss man das Fleisch einfach durch ein Sieb streichen und kann sie so auffangen.

Das Fruchtfleisch immer sofort mit Zitronensaft vermischen, damit es sich nicht verfärbt, Zitrone oder Limette sind für den Geschmack elementar wichtig. Gewürzt wird außerdem mit Salz und Pfeffer, es passt aber auch sehr gut gemahlener Piment und Chili. Auf keinen Fall sollte man Öl oder Sahne zufügen – Avocado heißt nicht umsonst „die Butter des Urwalds", sie ist von sich aus fett genug!

Frischkäse-Zwiebel-Dip

Möglichst darauf achten, dass der Frischkäse keine Stabilisatoren oder Gelatine enthält, sondern ganz naturbelassen ist – er schmeckt dann einfach besser!

Den Frischkäse mit der fein geriebenen Zwiebel, den fein gehackten Kräuterblättern, allen Gewürzen und dem Öl glatt rühren.

Dazu: Cracker jeder Art, Salzgebäck, Crostini.

ZUTATEN
Für vier bis sechs Personen:

250 g Frischkäse
1 Zwiebel
1 Handvoll würzige Rucola- oder
Kresseblätter
Zitronenschale und -saft
Salz, Pfeffer
1 TL Delikatesspaprika
1-2 EL gutes Olivenöl

Die passenden Getränke

Als Aperitif-Häppchen kann man das Fingerfood zum Begrüßungssekt oder -champagner reichen, es darf auch ruhig ein Cocktail oder ein Longdrink sein. Der kann natürlich auch ohne Alkohol mit Säften gemixt werden. Ein anständiges Bier passt immer. Und wer die Leckerbissen zu einem Büfett zusammenstellt, der sucht am besten Weine aus, die möglichst unkompliziert sind. Für die Weißweinliebhaber empfiehlt sich zum Beispiel ein knackiger Riesling, vielleicht aus der Pfalz oder von der Nahe. Es kann aber auch sanfterer Silvaner oder Weißburgunder sein. In jedem Fall vorzugsweise ein leichter Kabinett, weil er nicht so viel Alkohol hat, der einem zu Kopf steigen kann. Natürlich kann man auch einen italienischen Wein wählen: Ein Pinot bianco oder Pinot grigio, zum Beispiel aus dem Friaul, sind leicht und erfrischend. Rotweinfans greifen vielleicht gern zu einem jungen Trollinger, einem geschmeidigen Valpolicella oder einem einfachen Chianti.

Salatschleuder? Salatwaschmaschine!

Jeden Salat muss man, das versteht sich, vor dem Anmachen waschen. Ob man die gewaschenen Blätter dann nur trocken schüttelt oder richtig trocken schleudert, das ist Geschmackssache. Wer seine Salatmarinade nicht verwässern möchte, bedient sich gern einer Salatschleuder. Das ist im Allgemeinen ein Sieb, das in einer Schüssel sitzt und durch ein Schwungrad im Deckel so lange gedreht wird, bis durch die Zentrifugalkraft alles Wasser aus den Blättern herausgeschleudert ist. In vielen Salatschleudern wird dieses Wasser in einer Schüssel aufgefangen. Diese Schüssel soll dann wohl auch manchmal als Salatschüssel dienen.

Wir finden jedoch jene Salatschleudern intelligenter und praktischer, deren Schüssel am Boden Öffnungen hat, durch die das Wasser abfließen kann. Dafür stellt man dieses Gerät natürlich ins Spülbecken und nutzt es dann gleich als regelrechte Salatwaschmaschine: Man gibt die ungewaschenen Salatblätter in das Sieb, lässt durch die Öffnung im Deckel mit zügigem Strahl Wasser hineinfließen – und während man mit der Schnur das Schwungrad in Bewegung setzt, das das Sieb antreibt, werden die Blätter vom Wasser durchgespült. Die Zentrifugalkraft schleudert es zusammen mit Sand und Schmutz an den Schüsselrand, durch die Öffnungen im Boden läuft alles ab. Wenn nach einigen Umdrehungen nur noch sauberes Wasser fließt, braucht man nur den Wasserhahn zu schließen und schleudert die Blätter trocken: Dann haben wir den Salat – sauber und trocken. Genial!

Deshalb unser Tipp: Falls Sie vorhaben, eine Salatschleuder zu kaufen, gucken Sie auf die Unterseite, ob sie geschlossen ist oder Öffnungen aufweist – nur in letzterem Fall erwerben Sie eine Salatschleuder mit integrierter Waschmaschine!

Backen für den Sommer

Backen für den Sommer
Süßes mit Beeren und Früchten

In diesem Kapitel stellen wir lauter köstliche Bäckereien vor. Und zwar solche, die nicht viel Mühe machen, sodass man seiner Lust auf Süßes ohne großen Aufwand nachgeben kann. Frische Früchte gibt es ja um diese Jahreszeit in reicher Fülle – hier unsere liebsten Ideen, wie man sie in köstliche Kuchen und Desserts verwandelt.

Knuspertürmchen

Dafür werden zunächst Teigblätter aus Strudelteig gebacken, den man fertig von der Rolle kaufen kann. Mit Butter und Zucker bestreut, sind sie auch so zum Knabbern beim Espresso sehr lecker.

1 Den Teig ausrollen und jeweils backblechgroße Stücke abschneiden, aber noch auf dem Papier liegen lassen. Mit halb flüssiger Butter bestreichen, dann mit einem großen Messer Quadrate ausschneiden. Jetzt die gesamte Fläche mit Zucker bestreuen. Die Teigstücke mithilfe des Papiers auf ein Backblech ziehen. Im vorgeheizten Ofen bei 220 °C Ober- und Unterhitze (200 °C Heißluft) ca. 8 Minuten backen, bis die Teigblätter goldbraun und knusprig sind.

2 Für die **Füllung** die schönsten Erdbeeren aussuchen (etwa die Hälfte), senkrecht in Scheibchen schneiden und in einer flachen Schale möglichst nebeneinander mit etwas Zucker und abgeriebener Orangenschale bestreut sowie etwas Orangensaft beträufelt marinieren. Die restlichen Erdbeeren zu einer Sauce pürieren, dabei ebenfalls mit Zucker und Orangenschale und -saft würzen.

3 Den Quark mit etwas abgeriebener Orangenschale und einer Prise Salz glatt rühren und mit Zucker süßen. Am Ende mit der steif geschlagenen Sahne auflockern.

4 Zum Servieren die einzelnen Teigblätter mit Quarkcreme bestreichen und in mehreren Schichten übereinanderstapeln, dazwischen jeweils Erdbeerscheibchen betten. Die oberste Teigplatte mit Puderzucker bestäuben. Die Erdbeersauce dekorativ rund um die Türmchen verteilen.

5 Die Knuspertürmchen nicht mehr stehen lassen, sondern sofort servieren, damit sie noch knusprig sind, wenn sie auf den Tisch kommen.

GETRÄNK
Ein Rosé Prosecco aus der Rebsorte Reboso – die nur in Venetien angebaut wird –, ein zartfruchtiger, säurefrischer prickelnder Wein.

ZUTATEN
Für vier bis sechs Personen:

1 Rolle fertiger Strudelteig
(aus dem Kühlregal)
ca. 75 g Butter
4-6 EL Zucker

Füllung:
500 g Erdbeeren
60 g Zucker
1 Orange
250 g Magerquark (oder Frischkäse)
1 Prise Salz
200 ml Sahne
Puderzucker zum Bestäuben

TIPP
Diese Knuspertürmchen eignen sich auch fabelhaft als Dessert! Die Knusperblätter lassen sich übrigens in einer gut schließenden Blechdose prima aufbewahren, sie bleiben darin lange knusprig und sind stets zur Hand, wenn man beispielsweise zum Espresso eine kleine Knabberei braucht.

TIPP
Statt Strudelteig kann man auch Teigblätter (Wan-Tan-Blätter) aus dem Asia-Laden nehmen.

Eiskaffee

Den liebt Moritz an heißen Tagen über alles. Unbedingt mit Espresso, natürlich frisch gemacht. Außerdem schwört er auf Vanilleeis.

1 Den Kaffee in einen Behälter mit Eiswürfeln und Wasser stellen, damit er rasch abkühlt. Dann wird zubereitet: 1 Kugel Vanilleeis in ein großes Glas geben, mit Kaffee auffüllen und obenauf eine Haube von halbsteif geschlagener Sahne setzen. Abschließend einen Hauch von Kakaopulver darüberstäuben.

2 Natürlich sofort und mit großem Genuss trinken – und danach einen dicken Sahnebart stolz zur Schau stellen.

ZUTATEN
Pro Person:

2 starke Espressi
1 Kugel Vanilleeis
Schlagsahne
Kakaopulver

TIPP
Leichter lässt sich der Eiskaffee mit einem Strohhalm trinken ...

Aprikosenkuchen

Auch dieser Kuchen macht wahrlich nicht viel Mühe: Ein dichter Rühr-teig wird mit Aprikosen besteckt – beim Backen geht er auf und um-schließt die Aprikosenstücke, die jetzt nahezu völlig darin versunken sind und den Kuchen unwiderstehlich saftig machen.

1 Die Butter bei Zimmertemperatur weich werden lassen. In der Zwischenzeit bereits die Form einfetten und mit Mehl ausstäuben sowie die Aprikosen entsteinen und halbieren, mit Zucker bestreut ein wenig Saft ziehen lassen.

2 Die weiche Butter mit dem Handrührer zu einer hellen, weißen Creme schlagen, dabei langsam den Zucker hinzurieseln lassen und schließlich nacheinander die Eier zufügen. Wenn sich alles zu einer sahnigen, dicken Creme verbunden hat, mit Zitronenschale, Orangenlikör, Salz und Vanillezucker würzen.

3 Mehl, Stärke und Backpulver durch ein Sieb hinzufügen und rasch einarbeiten. Anschließend die Teigmasse in die Form geben. Die Aprikosenhälften dicht an dicht senkrecht nebeneinander hineinstecken.

4 Den Kuchen im vorgeheizten Ofen (180 °C Ober- und Unterhitze/160 °C Heißluft) 1 Stunde backen. Mit der Stäbchenprobe testen, ob der Kuchen wirklich gar ist: Ein Holzstäbchen an der dicksten Teigstelle senkrecht hineinstechen, es muss absolut trocken wieder zum Vorschein kommen und sich an der Lippe warm anfühlen.

5 Den Kuchen zunächst 5 Minuten in der Form abkühlen lassen. Erst dann den Rand abnehmen und endgültig auskühlen lassen. Unbedingt einen Tortenheber verwenden, um ihn vom Boden der Springform auf die Tortenplatte zu transportieren, weil der Kuchen in diesem Zustand leicht zerbrechen kann. Vor dem Servieren mit Puderzucker bestäuben.

GETRÄNK
Dazu ein Gläschen Aprikosen-, Orangen- oder Zitronenlikör …

ZUTATEN
Für eine Springform
von 24 cm Durchmesser:

Rührteig:
150 g Butter
150 g Zucker
3 Eier
abgeriebene Zitronenschale
2 EL Orangenlikör
1 Prise Salz
1 Tütchen Vanillezucker
150 g Mehl
50 g Stärke
2 TL Backpulver

Belag:
1 kg Aprikosen
50 g Zucker
Puderzucker zum Bestäuben

TIPP
Lauwarm servieren, mit kühler Schlagsahne.

Mohn-Himbeer-Torte

Sie sieht prachtvoll aus, schmeckt himmlisch und macht kaum Mühe – die ideale Sommertorte also!

1 Eigelb und Zucker mit dem Handrührer oder in der Küchenmaschine dick und schaumig rühren, dann nach und nach die weiche Butter zufügen. Unter die glänzende, helle Masse die gemahlenen Mandeln und den Mohn heben. Schließlich das steif geschlagene Eiweiß (1 Prise Salz zufügen!) in zwei Partien unterziehen.

2 Den Teig sofort in eine ausgebutterte oder mit Backpapier ausgelegte Springform geben und bei 180 °C Ober- und Unterhitze (160 °C Heißluft) ca. 25 bis 30 Minuten backen. Den Kuchen aus der Form nehmen, auf ein Gitter stürzen und auskühlen lassen.

ZUTATEN

Für eine Springform
von 26 cm Durchmesser:

3 Eigelb
90 g Zucker
50 g Butter
50 g Mandeln
50 g Mohn
3 Eiweiß
1 Prise Salz
Butter für die Form

100 g Himbeerkonfitüre
200 g Sahne
1 Tütchen Vanillezucker
2 EL Zucker
ca. 500 Himbeeren
ca. 200 g Heidelbeeren
evtl. Puderzucker zum Bestäuben

Außerdem:
3 EL Sesamsaat
1 EL Zucker
eventuell 1 TL Butter

3 Vor dem Servieren den Boden auf eine mit Tortenspitze belegte Platte setzen. Mit Himbeerkonfitüre bestreichen, dann die mit Vanille- und Kristallzucker steif geschlagene Sahne darüber verteilen. Nun dicht an dicht die Himbeeren daraufsetzen – von außen nach innen arbeiten, in die Mitte kommen dann die Heidelbeeren. Wer mag, kann alles mit Puderzucker bestäuben.

4 Hübsch und wohlschmeckend ist ein Rand aus Sesamkaramell: Dafür die Sesamsaat in einer Pfanne rösten und dabei mit Zucker bestreuen. Eventuell etwas Butter zufügen, falls der Sesam nicht genügend eigenes Fett abgibt. Diesen Karamell mit einer Palette rundum an der Seite der Torte anbringen.

5 Die Himbeertorte jetzt nicht mehr lange stehen lassen, sondern gleich servieren.

GETRÄNK
Wir haben dazu einen Lagrein Kretzer getrunken, das ist ein schnell von der Schale gezogener Lagrein, der deshalb ganz hell, fast wie ein Rosé bleibt. Vom Unterganzer Hof bei Bozen ist er besonders erfrischend und fruchtig.

Variation: Mangotorte mit Himbeeren

Der Teigboden lässt sich sehr vielseitig einsetzen und mit allen Früchten bestücken, die gerade Saison haben. Zum Beispiel mit Mango. Dafür die reifen Früchte – sie sollten wie zimmerwarme Butter auf sanften Fingerdruck leicht nachgeben – dünn schälen und mit einem scharfen Messer längs bis an den Stein heran in dünne Spalten schneiden. Die Spalten dicht an dicht auf dem Tortenboden kreisförmig anordnen. Mit lockerer Hand die frischen Himbeeren dazwischen verteilen. Auch hier einen Rand von geröstetem Sesam rundum anbringen.

> ## TIPP:
>
> *Backfolie oder Backpapier? Beides ist praktisch, weil sowohl Folie als auch Papier verhindern, dass das Gebäck auf dem Blech festbackt. Außerdem schützen sie das Backblech und machen hinterher den Abwasch leichter. Neben dem guten alten Backpapier gibt es inzwischen verschiedene Backfolien, ganz neu aus Alufolie, die sich gut in die Ecken der Form schmiegen. Noch praktischer aber sind jene Folien aus mehr oder weniger dickem und stabilem Kunststoffmaterial. Dickes Silikon, so ist unsere Erfahrung, taugt weniger gut als die dünnen Folien. Diese sind vielleicht ein wenig empfindlicher, vor allem, wenn man darauf mit dem Messer schneidet, dafür reagieren sie aber als Unterlage sensibler: Sie passen sich teils besser an, lassen sich andererseits aber auch leichter lösen. Außerdem praktisch: Man kann Backfolien immer wieder verwenden.*
>
> *Früher musste man beim Backpapier darauf achten, dass man die richtige Seite erwischt. Meist stand es nur schlecht lesbar irgendwo drauf. Heute ist es bei den meisten Sorten egal, welche Seite man benutzt.*

Obsttörtchen

Wir nehmen fertigen Blätterteig dafür, deshalb sind sie im Handumdrehen gemacht: Die Förmchen werden mit dem Teig ausgekleidet,
der Teigboden mit gemahlenen Mandeln und Zucker bestreut und mit
Früchten belegt (Aprikosen, Pfirsiche, Kirschen, klein geschnittener
Rhabarber – hübsch ist auch eine Mischung!). Abschließend einen
Guss darübergeben und im Ofen backen, bis der Teigboden gebräunt
und der Guss gestockt ist: Es dauert fast länger, bis die Törtchen
abgekühlt sind, als sie zu backen ...

1 Die Förmchen oder die große Form gründlich mit Butter ausstreichen
oder mit Backpapier auslegen und mit dem Blätterteig auskleiden –
ggf. den Teig noch auf die Formgröße ausrollen oder zurechtschneiden.

2 Mandeln mit 2 gehäuften Esslöffeln Zucker im Zerhacker zerkleinern
und auf dem Teigboden verteilen. Das Obst entsteinen, wenn nötig
klein schneiden. (Rhabarber schon 1 Stunde vorher in Scheibchen
schneiden und vermischt mit ca. 50 Gramm Zucker gründlich Saft ziehen
lassen.)

ZUTATEN
Für acht kleine Törtchen oder eine
Form von 26 cm Durchmesser:

evtl. Butter für die Förmchen
1 Paket Blätterteigquadrate
(bereits backfertig ausgerollt)
oder bereits auf Tortengröße
ausgerollter Blätterteig (siehe Tipp)
100 g Mandeln
100 g Zucker
ca. 800 g Obst
4 Eier
200 g saure Sahne
etwas Zitronensaft
abgeriebene Zitronenschale
Schlagsahne

TIPP

*Tiefgekühlter Blätterteig ist bei uns weitgehend geschmacksneutral.
Wer wehmütig an den herrlichen buttrigen Blätterteig denkt, der in
Frankreich angeboten wird, kann sich behelfen: Die Blätterteigplatten
nebeneinanderliegend auftauen, dann mit weicher Butter einstreichen,
übereinanderstapeln und zur gewünschten Fläche ausrollen. So gehen
die Blätter noch schöner auf beim Backen, und der Kuchen schmeckt
prima nach Butter!*

3 Eier und den restlichen Zucker mit dem Handrührer dick und cremig schaumig schlagen. Erst dann die saure Sahne unterquirlen und mit Zitronensaft und -schale würzen. Den Guss gleichmäßig über dem Obst verteilen.

4 Bei 180 °C Heißluft (210 °C Ober- und Unterhitze) im vorgeheizten Backofen ca. 25 bis 35 (Törtchen) bis 45 Minuten (große Form) backen, bis der Boden braun, der Rand knusprig und der Belag gestockt ist.

5 Ruhig noch lauwarm und mit gekühlter Schlagsahne servieren.

GETRÄNK
Kaffee, Espresso oder Tee.

Zucchini

3 Die Türmchen nebeneinander in eine feuerfeste Form setzen, mit Olivenöl beträufeln und im vorgeheizten Ofen (Ober- und Unterhitze 220 °C / Heißluft 200 °C) 10 Minuten braten, erst dann den Sud aus der Pfanne angießen. Insgesamt gut 30 Minuten gar schmurgeln lassen.

4 Am Ende Tomatenwürfel unter diesen Schmorsaft rühren, abschmecken und mit Basilikum bestreut servieren.

BEILAGE
Entweder pur als Vorspeise servieren, also nur mit etwas frischem Brot. Oder mit Kartoffelpüree als ganzes Hauptgericht.

GETRÄNK
Dazu passt ein sommerleichter, aber dennoch herzhafter Weißwein. Zum Beispiel aus Kroatien!

Zucchiniblüten

Wer einen Garten hat, kann sie einfach ernten. Den Gemüsehändler wird man überreden müssen, sie zu besorgen, denn die Blüten sind empfindlich. Manchmal findet man sie als essbare Blüten verpackt im Angebot. In Ausbackteig (wie beispielsweise für die Zucchinitaler, siehe S. 119) getaucht und frittiert sind sie ein entzückender Appetithappen. Man kann sie jedoch auch füllen: eine elegante und ungewöhnliche Vorspeise.

1 Die Blüten sehr behutsam behandeln, damit sie nicht abbrechen. Vorsichtig öffnen und den dicken, wattigen Stempel in der Mitte abknipsen.

2 Für die Füllung den Zucchini-Aufstrich mit Eiweiß glatt rühren (gibt eine bessere Bindung) und nochmals abschmecken. Nun in einen Plastik- oder Spritzbeutel füllen, so kann man die Masse leicht in die Blüten befördern. Die Blütenblätter über der Füllung schließen.

3 Die Früchte mit ihren Blüten auf einem Bambuskorb oder in einen Dämpftopf betten und ca. 5 Minuten über Dampf garen.

4 Dazu schmeckt eine **Tomatenvinaigrette:** Dafür die Tomaten häuten, entkernen. Die Kerne in einem Mixbecher sammeln und mit Salz, Pfeffer, Olivenöl und Balsamico zu einer cremigen Emulsion mixen. Mit Sherryessig abschmecken. Das Tomatenfleisch würfeln, mit Salz und Pfeffer sowie ein paar Tropfen Olivenöl würzen. In einem Sieb abtropfen lassen (den Saft auffangen und später trinken – schmeckt köstlich!).

5 Zum Servieren die gefüllten Blüten auf Vorspeisentellern anrichten. Das Tomatenfleisch drum herum verteilen und mit der Tomatensauce dekorativ beträufeln. Basilikumblätter in Streifen schneiden und über dem Teller verstreuen.

ZUTATEN
Für vier Personen:

4-8 Zucchiniblüten
(am schönsten natürlich die weiblichen, mit den Früchten)
1 Portion Zucchini-Aufstrich, siehe Rezept Zucchinibrot, S. 123
1 Eiweiß

Tomatenvinaigrette:
2-3 reife Tomaten
Salz, Pfeffer
3 EL Olivenöl
Balsamico
Sherryessig
Basilikum

BEILAGE
Baguette.

GETRÄNK
Ein würziger Weißwein, zum Beispiel ein weißgekelterter Spätburgunder vom Bodensee.

Zucchinibrot

Das klingt vielleicht verrückt – aber es schmeckt prima, ist herrlich saftig und hält sich lange frisch.

1 Wir rühren den Brotteig statt mit Wasser mit püriertem Zucchinifleisch an. Die Zucchini dafür würfeln und mit Salz, Knoblauch, Chili und Olivenöl im Mixer zerkleinern.

2 Das Mehl in die große Rührschüssel der Küchenmaschine geben, die in etwas lauwarmem Wasser aufgelöste Hefe in die Mitte gießen und zugedeckt 10 Minuten gehen lassen. Dann den nach Anweisung angerührten Sauerteig (der macht das Brot besonders luftig und gibt ihm schöne Poren) sowie den gestrichenen Löffel Salz zufügen, die Maschine auf langsame Stufe einschalten. Jetzt nach und nach das Zucchinipüree zufügen, so viel, bis der Teig sich glatt vom Schüsselrand löst. (Auf keinen Fall alles! Wie viel, das hängt vom Mehl ab, seinem Alter, wie trocken es ist, der Luftfeuchtigkeit.) Den Teig anschließend aber noch gut 5 Minuten von der Maschine durcharbeiten lassen. Dann mit bemehlten Händen herausheben und in einer Schüssel zugedeckt eine Stunde gehen lassen.

3 2 oder 3 Brote formen und schließlich backen: bei 200 °C Ober- und Unterhitze (180 °C Heißluft) insgesamt gut 30 Minuten. Beim Reinschieben 1 Glas Wasser auf dem Ofenboden verzischen lassen. Nach 15 Minuten die Hitze auf 180 °C (160 °C Heißluft) herunterschalten.

BEILAGE

Ein **Aufstrich aus Zucchini:** 2 kleine Zucchini in winzige Würfelchen schneiden (zuerst längs in Streifen, dann mit einem Messer quer in Würfel), in 2 EL Olivenöl andünsten, 2 Knoblauchzehen hinzugeben, salzen und pfeffern. Am Ende einige Basilikumblättchen sehr fein schneiden und untermischen. Etwas abkühlen lassen, dann unter 200 Gramm Frischkäse rühren und mit abgeriebener Zitronenschale abschmecken.

ZUTATEN

Für zwei bis drei Brotlaibe:

700 g Zucchini
1 EL Salz
2-3 Knoblauchzehen
1-2 grüne Chilis
2 EL Olivenöl
1 kg Mehl (Type 550 oder 820)
20 g Hefe
1 Tütchen Sauerteigansatz
(oder ein Händchen voll
fertiger Sauerteig)
1 gestrichener EL Salz

Ossobuco und gefüllte Kalbsbrust

Ossobuco und gefüllte Kalbsbrust

Sonntagsessen vom Kalb

Kalbshaxe auf italienische Art. Und gefüllte Kalbsbrust. Die eher schlichten Teile vom Kalb, für die man beim Metzger nicht allzu tief in die Tasche greifen muss, aus denen man dennoch ein richtiges Sonntagsessen zubereiten kann. Wir füllen die Kalbsbrust auf zweierlei Weise: einmal mit einer kräuterduftenden Semmelfüllung, wie man es in Schwaben liebt – aber nach Martinas Gusto abgewandelt. Und eine andere Version mit eher mediterranen Zutaten, wie es Moritz gerne hat. Dazu servieren wir natürlich die passenden Beilagen: Zum Ossobuco gibt es klassischerweise einen Risotto. Und zur Kalbsbrust einmal einen saftigen Kartoffelsalat und einmal Pasta ...

Warenkunde

Für **Ossobuco** muss man den Metzger bitten, die hinteren Haxen vom Kalb quer in Scheiben aufzuschneiden. Nicht zu dünn! Sie sollten mindesten 3 Finger dick sein! Das muss er mit seiner Säge tun, denn in der Mitte der Haxe sitzt der Knochen, dem das Gericht auch seinen Namen verdankt: *Ossobuco* heißt aus dem Italienischen übersetzt nichts anderes als „Knochen mit Loch" – und genau das ist es auch: der Markknochen, der die Haxe längs durchzieht und quer aufgeschnitten das genannte Loch bildet. Es ist mit würzigem Mark gefüllt, das dem Gericht seinen typischen feinen Geschmack gibt. Und das man am Ende natürlich mit einem Löffel oder der Messerspitze herauslöst und mit Genuss verspeist.

Weil sich die Haxe nach unten verjüngt, ergeben sich größere und kleinere Scheiben – praktisch, weil ja nicht alle am Tisch gleich viel Hunger haben.

Die **Kalbsbrust** ist ein großes, durchwachsenes Stück von der Vorderseite des Kalbs, dessen Knochen der Metzger auslösen sollte. Sie werden sicher beides rechtzeitig beim Metzger bestellen müssen, denn heutzutage, wo die großen Braten und jene Teile, die ein langes Schmoren benötigen, leider ein bisschen aus der Mode gekommen sind, hält er ja oft nur Schnitzel und Steaks zum Kurzbraten vorrätig. Fleischstücke, die man eine Weile schmoren oder im Ofen braten muss, haben nicht nur den Vorzug, preiswerter zu sein als die Steaks oder Schnitzel, sondern sie liefern immer auch gleichzeitig eine herrliche Sauce.

Bitten Sie also Ihren Metzger um den unteren, fleischigeren Teil der Kalbsbrust, die sogenannte Brustspitze. Die Knochen soll er auslösen, auch den festen Knorpel – aber bitte alles unbedingt mitnehmen, sie geben der Sauce guten Geschmack!

Gefüllte Kalbsbrust
mit Kräuter-Semmel-Füllung

Dies ist die eher schwäbisch-süddeutsch-klassische Version. Die Semmeln werden teils geröstet, teils eingeweicht, dann mit gedünsteter Zwiebel, Ei und vielen Kräutern gemischt und kräftig gewürzt. Wir fügen geröstete Pinienkerne zu, das gibt Biss und einen nussigen Geschmack.

1 Die Kalbsbrust innen und außen sauber wischen. Überprüfen, ob die Tasche, die der Metzger hineingeschnitten hat, auch ausreichend groß ist.

2 Für die **Füllung** die Brötchen in zentimetergroße Würfel schneiden. Ein Drittel davon in einer Pfanne in etwas heißer Butter rundum kräftig anrösten. Auch die Pinienkerne mitrösten. Die restlichen Brötchenwürfel in einer Schüssel sehr vorsichtig mit der kochend heißen Milch benetzen. Nicht alles auf einmal hineinschütten – die Füllung darf auf keinen Fall zu feucht und somit matschig werden. Etwas quellen und weichen lassen.

3 Inzwischen die Möhren in winzige Würfel schneiden, Selleriestangen fädeln und in dünne Scheibchen schneiden. Paprika mit dem Sparschäler schälen und ebenfalls sehr klein und möglichst akkurat würfeln.

4 Zwiebel und Knoblauch fein hacken. In der restlichen Butter andünsten, aber auf keinen Fall bräunen. Die Möhren zufügen und so lange mitdünsten, bis sie fast gar sind. Sofort salzen, damit sie ihre schöne Farbe behalten. Jetzt auch die übrigen Gemüse und die gehackte Petersilie zum Schluss kurz mitschwenken. Schließlich mit den eingeweichten Brötchen und Eiern mischen, salzen und pfeffern.

5 Diese Füllung in die Kalbsbrust stopfen, dann mit Küchenzwirn zunähen oder mit Zahnstochern zustecken. Das Bratenstück jetzt mit Salz und Pfeffer sowie Olivenöl einreiben und in eine passende Kasserolle setzen. Gewürfeltes Suppengrün und fein gehackte Zwiebel darum herum streuen. Zitronensaft und Öl darübergießen und die Form zunächst für 20 Minuten in den ca. 250 °C heißen Ofen schieben.

ZUTATEN

Für acht bis zehn Personen:

1 schönes Stück Kalbsbrust ohne Knochen, ca. 2-3 kg (vom Metzger eine Tasche hineinschneiden lassen)

Füllung:

2-3 Brötchen (vom Vortag)
3 EL Butter
2-3 EL Pinienkerne
ca. 125 ml Milch
1-2 Möhren
Salz
3 Stangen Staudensellerie
1 rote Paprikaschote
1 weiße Zwiebel
2 Knoblauchzehen
glatte Petersilie
3 große Eier (XL oder 4 kleinere Eier)
Pfeffer

 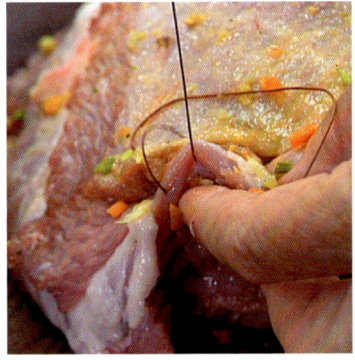 

6 Dann auf 150 °C (Ober- und Unterhitze, bei Heißluft genügen 130 °C) herunterschalten und mit Brühe begießen. Das Fleisch noch weitere 90 Minuten braten, dabei immer wieder begießen und beschöpfen, damit es schön saftig bleibt.

7 Die gefüllte Kalbsbrust schließlich im ausgeschalteten, geöffneten Ofen noch 15 bis 20 Minuten ruhen lassen, damit sich die Säfte im Inneren sammeln können und die Füllung die fürs Aufschneiden nötige Festigkeit bekommt.

8 Servieren: Die Kalbsbrust warm als Sonntagsbraten auftischen. Dafür den Bratenfond durchpassieren und nach Belieben mit etwas Butter cremig aufmixen.

BEILAGE
Nudeln.

GETRÄNK
Ein kraftvoller Weißwein, zum Beispiel eine Essenzia di Malvasia aus der Basilicata.

Außerdem:
Salz, Pfeffer
6 EL Öl
2 Bund Suppengrün
1 große Zwiebel
1 Zitrone
125 ml Brühe
2-3 EL Butter

TIPP
Ideal zum Aufschneiden ist ein elektrisches Messer, dann bröckelt die Füllung nicht so leicht auseinander.

Gefüllte Kalbsbrust mediterrane Art

Eine Füllung aus Hackfleisch, gekochtem Schinken und Speck sowie getrockneten Tomaten und Pilzen. Natürlich muss auch hier Brot für Lockerheit sorgen, das ist entscheidend für die Konsistenz, und Kräuter für sommerlichen Geschmack!

1 Das Fleisch wie auf S. 127 beschrieben vom Metzger herrichten lassen, dann innen mit Salz und Pfeffer, außen mit Cayenne, Muskat sowie Zitronensaft und Öl einreiben.

2 Für die Füllung das Brötchen mit heißer Milch benetzen und einweichen, Tomaten mit kochendem Wasser bedecken und ebenfalls einweichen. Das Brötchen zerpflücken, Tomaten fein hacken und mit dem Hackfleisch mischen. Den Schinken in kleinen Würfeln untermischen; ebenso die vom Stein gelösten Oliven, halbiert oder geviertelt.

3 Die Zwiebel sehr fein würfeln und im heißen Öl weich dünsten, ohne dass sie Farbe nimmt. Den fein gewürfelten Speck, gehackten Knoblauch und die klein geschnittenen Champignons mitdünsten und am Ende die gehackte Petersilie zufügen.

ZUTATEN

Für acht bis zehn Personen:

1 Kalbsbrust wie auf S. 127
beschrieben
Salz, Pfeffer
etwas Cayennepfeffer und Muskat
Zitronensaft
etwas Olivenöl

Füllung:
1 Brötchen (vom Vortag)
etwas heiße Milch
4-6 getrocknete Tomaten
250 g Hackfleisch
100 g gekochter Schinken in einer
dicken Scheibe
50 g Oliven
1 große oder 2 kleinere Zwiebeln
1 EL Öl
100 g durchwachsener Bauchspeck
2 Knoblauchzehen
250 g Champignons
1 dickes Bund glatte Petersilie
Salz, Pfeffer
1-2 Eier (je nach Größe)
Worcestershiresauce oder Sojasauce

 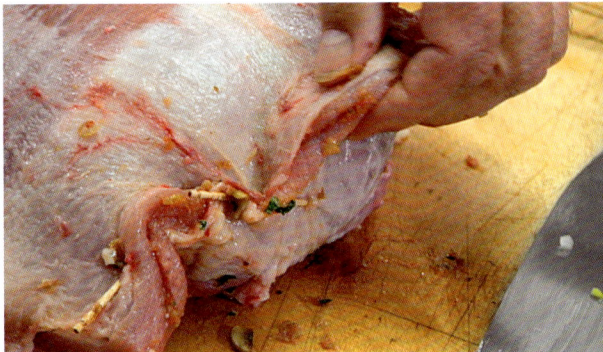

4 Alles mit dem Hackfleisch gründlich mischen. Die Masse salzen und pfeffern, die Eier untermischen. Die Farce kräftig abschmecken, eventuell auch einen Spritzer Worcestershiresauce oder Sojasauce zufügen.

5 Diese Füllung in die vorbereitete Kalbsbrust füllen und im Folgenden so fortfahren wie im vorherigen Rezept beschrieben. Allerdings nach dem Anbraten mit einem kräftigen Schuss Weißwein ablöschen. Den Bratenfond am Ende nach Belieben durch ein Sieb passieren oder mitsamt dem Wurzelgemüse servieren. Die durchs Sieb passierte Sauce wird dicht und glänzt schön, wenn man sie mit einem Schuss Olivenöl aufmixt.

BEILAGE
Hierzu passt wunderbar ein Kartoffelsalat.

Außerdem:

2 Bund Suppengrün
1 große Zwiebel
4 EL Öl
1 gutes Glas Weißwein
evtl. 125 ml Brühe
2-3 EL Olivenöl für die Sauce

Kartoffelsalat

1 Die Kartoffeln gar kochen. Noch warm zum Salat anmachen (wer sie abgekühlt verwendet, muss unbedingt einen guten Schuss Fleischbrühe angießen, damit die Kartoffeln wieder geschmeidig werden): pellen, in feine Scheibchen und die Frühlingszwiebeln in feine Ringe schneiden.

2 Alles in einer großen Schüssel mischen, dabei mit Essig, Salz und Pfeffer und Olivenöl würzen. Erst dann die fein geschnittenen Rucolablätter und die von der Rispe gestreiften Pfefferbeeren untermischen.

GETRÄNK

Zum mediterranen Braten passt ein kräftiger Rotwein, zum Beispiel ein Lagrein aus Südtirol, wir haben einen Porphyr getrunken, die Spitzencuvée der Winzergenossenschaft Terlan.

ZUTATEN

Für sechs bis acht Personen:

1,5 kg festkochende Kartoffeln
1 Bund Frühlingszwiebeln
6 EL milder Essig (z. B. Apfelessig)
Salz, Pfeffer
4 EL Olivenöl
evtl. 1 Schuss heiße Brühe
1 kleine Handvoll Rucolablätter
1 große Rispe frischer grüner Pfeffer

Pfeffer – ein vielfältiges Gewürz

Pfeffer ist nicht gleich Pfeffer, das ist eine Binsenweisheit. Man sieht ja schon an der Farbe einen Unterschied: **Grün** ist der frische, noch unreife Pfeffer. Die saftigen, fruchtig-scharfen Beeren kann man in Klarsichtfolie verpackt im Kühlschrank ein paar Tage aufbewahren, dann färben sie sich allmählich schwarz und verlieren ihre Frische. Genauso entsteht tatsächlich der **schwarze Pfeffer:** Die unreifen Beeren werden getrocknet. Für **weißen Pfeffer** lässt man die Beeren ausreifen, sie färben sich dann rot. Nach einem Fermentationsprozess wird diese Schale, das Fruchtfleisch, abgewaschen, übrig bleibt der weiße Pfefferkern. Er ist sanfter im Geschmack als der schwarze Pfeffer und dennoch reich im Aroma. Besonders bei Gerichten mit heller Sauce oder auf hellem Fleisch empfiehlt sich der weiße Pfeffer schon aus optischen Gründen.

Je nachdem, woher der Pfeffer stammt, hat er ein anderes Aroma – Klima, Boden und Anbau haben darauf Einfluss, ähnlich wie beim Wein. So kann man wilden Pfeffer kaufen, der im Urwald gesammelt wurde, oder Pfeffer aus bestimmten Plantagen und ausgesuchten Gärten – in guten Gewürzläden (oder im Internet) wird man fündig, und es macht Spaß, die unterschiedlichen Düfte und Parfums auszuprobieren.

Sehr gut kann man Gewürze auch in der Apotheke kaufen, zum Beispiel ungewöhnliche Pfeffersorten. Wie etwa **Mönchspfeffer,** der von einer hiesigen Pflanze stammt und der seinen Namen seiner widersprüchlichen Wirkung verdankt: Er soll sowohl keusche als auch anregende Gefühle bewirken ... Im Geschmack bringt er einen sehr schön exotischen Duft, der gut in eine Wildgewürzmischung passt. Oder sogenannten **Schwanzpfeffer,** den man an seinem kleinen Stiel erkennt. Er stammt tatsächlich von einer Pfefferliane und bringt ein deutlich fremdartiges Aroma: feurig und gewürzig, mit einem Touch Exotik passt er gut in Currymischungen.

Nie sollte man, das ist allerdings ebenfalls eine Binsenweisheit, gemahlenen Pfeffer kaufen, dessen Würzkraft ist längst verflogen. Man muss ihn frisch zerkleinern – mit einer guten Mühle, die über ein anständiges, präzise arbeitendes Mahlwerk verfügt. Zum Kauf ruhig Pfefferkörner mitnehmen und sich die Mühle vorführen lassen! Gut ist es, wenn man mehrere Mühlen zur Verfügung hat, für weißen und für schwarzen Pfeffer – der schon aus optischen Gründen gezielt eingesetzt wird. Auch eine Mühle für eine Mischung von Weiß und Schwarz – denn beides zusammen liefert wiederum ein anderes Aroma. Auch ein Mörser ist empfehlenswert, denn zerstoßen entfalten die Pfefferkörner nochmals eine völlig andere Würzkraft.

Ossobuco

Ein richtiges Lieblingsessen, die geschmorten Scheiben ergeben immer eine herrliche Sauce. Es braucht zwar ein bisschen Zeit, macht aber wirklich keine Mühe: Die Scheiben werden jeweils mit einem Bindfaden umschnürt, damit sie schön in Form bleiben. Sie werden gewürzt, in Mehl gewendet und dann in einem flachen großen Bräter, der sie nebeneinander aufnehmen kann, schön angebraten. Erst dann sehr fein gewürfeltes Wurzelwerk dazugeben, das ebenfalls gut angeröstet wird – Röststoffe geben Geschmack! –, schließlich wird mit Wein abgelöscht und alles schön langsam geschmort. Bei zartem Kalbfleisch keine Tomaten! Das feine Kalbfleisch würde von Tomatensauce übertüncht. Lieber mit Safran würzen, dessen verheißungsvoller Duft gut zu Kalbfleisch passt. Alles auf leisem Feuer langsam gar schmoren. Und in der Zwischenzeit eine Gremolada mixen, die verführerische, typische Mischung aus Petersilie, Zitronenschale, Knoblauch und Olivenöl – als Würze, Duft und Farbklecks obenauf.

ZUTATEN

Für vier bis sechs Personen:

6-8 Scheiben von der Kalbshaxe
Salz, Pfeffer
ca. 3 EL Mehl
3-4 EL Olivenöl
1 weiße Zwiebel
1 Möhre
2 Stangen Staudensellerie
1 Lauchstange
1 Portion Safran
(1 Döschen oder ca. 10 Fäden)
1 Glas Weißwein
1 Tasse Brühe

1 Die Fleischscheiben mit einem Stück Bindfaden umgürten und verschnüren – so bleiben sie besser in Form. Dann salzen und pfeffern, in Mehl wenden und in einem großen, flachen Bräter im sehr heißen Öl geduldig auf beiden Seiten anbraten (eventuell portionsweise, wenn der Topf nicht genügend Platz für alle Fleischstücke auf einmal bietet). Erst dann das sehr fein gewürfelte Gemüse zufügen und anbraten, schließlich auch den Safran mitrösten. Mit Wein ablöschen, die Brühe angießen und jetzt die Hitze auf die kleinste Stufe reduzieren. Zugedeckt langsam ca. eineinhalb Stunden schmoren.

2 In der Zwischenzeit die Würzsauce zubereiten, die Gremolata: Alle Zutaten im Mixer zu feinem Püree zerkleinern. Vor dem Servieren auf jede Portion einen guten Klacks davon geben und eine dekorative Linie ziehen.

BEILAGE
Klassisch ist ein Risotto (Safran!), es passt aber auch wunderbar ein duftiges Kartoffelpüree.

GETRÄNK
Ein hellroter Bardolino oder ein kräftiger Valpolicella.

Gremolata:
1 Handvoll glatte Petersilienblätter
2-3 Knoblauchzehen
dünn abgeschnittene Schale
von 1 unbehandelten Zitrone
ca. 250 ml Olivenöl
Salz

Kochen
mit Kindern

Kochen mit Kindern

Gesund essen: kinderleicht

Gesunde Küche, richtige Ernährung, was, wann und wie viel man essen sollte – all diese Fragen sind fundamental für unser Dasein. Gutes und richtiges Essen – das ist die Basis unseres Lebens. Man kann nicht früh genug anfangen, sich mit diesem Thema zu beschäftigen. Damit wir auch gleich Resonanz auf unsere Vorschläge bekommen, haben wir uns Verstärkung in die Küche geholt und drei Kinder eingeladen. Da ist die kleine Lina Marie, gerade 6 Jahre alt geworden, Magnus, 9 Jahre, und Charlotte, mit ihren 12 Jahren schon ganz schön erwachsen. Wir haben die drei gebeten, ihr Lieblingsrezept mitzubringen, jedes wollen wir miteinander zubereiten und gucken, ob und wie wir vielleicht etwas daran verbessern können, damit wir wirklich sagen können: Dieses Gericht ist gesund und kinderleicht!

Lina Maries Eiersalat

Lina Marie liebt Eiersalat über alles, und sie kann ihn auch tatsächlich schon ganz allein zubereiten. Sie weiß, dass man Eier vor dem Kochen erst mal anpieksen muss, und zwar am unteren, dem dicken Ende, damit sich die Luft, die sich dort befindet, ausdehnen und entweichen kann – sonst würde das Ei nämlich platzen und Wasser eindringen und das ist nicht schön!

1 Die Eier erst mal anpieksen und in 9 bis 10 Minuten hart kochen, dann abgießen und mit kaltem Wasser abschrecken. Anschließend pellen und mit dem Eierschneider würfeln: zuerst in Scheiben schneiden, dann das Ei um 90 Grad drehen und nochmals die Harfe herunterdrücken, so entstehen kleine Würfelchen.

2 Gut ist es, wenn man bis dahin die Sauce bereits zubereitet hat, dann kann man die Eier vom Eierschneider direkt in die Schüssel befördern. Wir wollen den Salat lieber nicht mit Mayonnaise, sondern nur mit gutem Olivenöl und Senf anmachen – er hat so weniger Kalorien und mehr Geschmack, denn Mayonnaise verkleistert alles und überdeckt das Aroma.

ZUTATEN
Für vier Personen:

6-8 Eier
2 EL Senf
2 EL Olivenöl
1 TL Balsamico
2-3 kleine Gürkchen
1-2 EL Kapern
je ½ gelbe, rote
und grüne Paprikaschote
1 Kräuterstrauß
(Petersilie, Schnittlauch, Dill,
Basilikum, Estragon, Liebstöckel)
Salz, Pfeffer
etwas Delikatesspaprika

3 Für die Sauce Senf, Olivenöl und Balsamico in einer Schüssel verrühren. Die anderen Zutaten zufügen: Die Gürkchen werden fein gewürfelt, die Kapern – falls sie nicht schon schön klein sind – ebenfalls fein hacken. Den Paprika mit dem Sparschäler häuten (so ist er bekömmlicher und leichter zu essen), dann das Fleisch fein würfeln, etwa so groß wie die Eiwürfelchen. Die Kräuter von den Stielen zupfen und mit einem großen Messer fein hacken.

4 Alles miteinander mischen, mit Salz, Pfeffer und etwas rotem Paprikapulver würzen.

5 Der Eiersalat wird hübsch auf einer mit Salatblättern ausgelegten Platte angerichtet. Zum Essen wird er auf geröstetes Vollkornbrot gehäuft. In kleine Stückchen geschnitten kann man die Bissen dann mit der Hand essen.

Magnus' Kartoffelpuffer

Eigentlich liebt Magnus ja Pfannkuchen, aber wir versuchen uns heute mit Kartoffelpuffern – beziehungsweise Reibekuchen, die ja im Prinzip auch eine Art Pfannkuchen sind, nur eben mit geriebenen Kartoffeln im Teig.

1 Die Kartoffeln schälen und auf einer feinen Reibe zerkleinern. Anschließend Mehl und Eier in die Schüssel geben, alles miteinander verrühren und mit Salz, Pfeffer, Muskat, eventuell auch mit Curry oder mit dem exotisch duftenden Raz el Hanout (wörtlich übersetzt: Ober-Gewürz) abschmecken. Wer die Puffer lieber sehr würzig mag und etwas Herzhaftes dazu isst, reibt auch noch eine Zwiebel sowie ein bis zwei Knoblauchzehen hinzu.

2 Vom Teig jeweils eine kleine Kelle abnehmen und in heißem Öl (möglichst eine beschichtete Pfanne nehmen!) braten. Wenn die Ränder bräunen, kann man den Reibekuchen umdrehen und auf der anderen Seite braten.

3 Praktisch: In zwei Pfannen arbeiten – wie groß die Puffer sind, das ist ebenfalls Geschmackssache. Fertige Puffer auf Küchenpapier abtropfen lassen, damit nur noch ganz wenig Fett anhaftet. Man kann sie im Ofen (ca. 60 °C) warm halten – falls das überhaupt nötig ist. Erfahrungsgemäß greifen alle sofort zu, sobald ein Puffer fertig ist, und naschen davon.

ZUTATEN

Für vier bis sechs Personen:

600 g mehlige Kartoffeln
2 gehäufte EL Mehl
2 Eier
Salz, Pfeffer
Muskat
eventuell Currypulver oder
Raz el Hanout
eventuell 1 Zwiebel
und 2 Knoblauchzehen
Olivenöl zum Ausbacken

Frisches Apfelmus

Die meisten Kinder lieben die Reibekuchen süß. Das passt natürlich glänzend, denn die klassische Beilage zum Kartoffelpuffer ist Apfelmus – aber bitte selbst gemacht.

1 Die Äpfel vierteln, Stiel und Blütenansatz entfernen. Die Viertel in Stücke schneiden und mit etwas Zucker, Zitronensaft und -schale in einen Topf geben. Zugedeckt (besser noch im Schnellkochtopf!) in wenigen Minuten sanft weich dünsten, dann durch die Gemüsemühle drehen.

2 Unter das heiße Mus die Rosinen rühren, sie verleihen ihm noch zusätzliche Süße. Abkühlen lassen. Am anderen Tag ist das Apfelmus fest geworden, denn die gelierenden Stoffe im Kerngehäuse (Pektin) geben ihm eine schöne Konsistenz.

ZUTATEN
Für vier bis sechs Apfelmus-Fans:

1,5 kg säuerliche Äpfel
1-2 EL Zucker
Saft von 1 Zitrone
etwas Zitronenschale
1–2 gehäufte EL Rosinen

Charlottes Spätzle

Sie ist zwar halbe Französin, aber der väterliche schwäbische Erbteil schlägt durch: Charlotte liebt Spätzle – natürlich selbst gemachte, keine gekauften. Tatsächlich ist das kinderleicht!

1 Die Eier in eine Schüssel aufschlagen und kräftig mit dem Holzlöffel rühren. Das Mehl langsam durch ein Sieb hinzuschütten – dabei sollte man sich helfen lassen, schließlich sind dazu mindestens drei Hände nötig, und wer hat die schon?

2 Den Teig kräftig rühren, ruhig tüchtig schlagen, denn er muss Blasen werfen. Dann wird er ins kochende Salzwasser geschabt: vom flachen Holzbrettchen mit einem Messer oder dem Spätzleschaber.

ZUTATEN
Für vier Personen:

Spätzle:
4 Eier
ca. 400 g Mehl
Salz

TIPP

Es gibt auch eine spezielle Presse, mit der man Spätzle herstellen kann, die man von selbst geschabten nicht unterscheiden kann. Oder man presst den Teig durch ein sogenanntes Spätzlesieb mit seinen großen Löchern.

Frische Tomatensauce:
3-4 Tomaten
1 Knoblauchzehe
einige Basilikumblätter
Salz, Pfeffer
100 g Olivenöl
1 TL Balsamico

3 Die fertigen Spätzle schwimmen oben. Sie werden mit einer Schaumkelle herausgeschöpft und abgetropft. Und dann stellt sich die Frage: Was gibt's dazu?

4 Für die **Sauce** die Tomaten häuten (kurz ins kochende Spätzlewasser tauchen, kalt abschrecken und die Haut abziehen), halbieren, und die Kerne herausstreifen und in einen Mixbecher füllen. Den Knoblauch, einige Basilikumblätter, Salz, Pfeffer, Olivenöl sowie einen guten Spritzer Balsamico zufügen und zu einer cremigen Sauce mixen.

5 Das Tomatenfleisch mittlerweile in möglichst akkurate Würfel schneiden; weitere Basilikumblätter fein schneiden.

6 Tomatenwürfel, Basilikum und Tomatensauce vermischen und mit den Spätzle auf dem Teller hübsch anrichten.

Moritz' gefüllte Eier

Das ist seine Version vom Eiersalat: Die ebenfalls hart gekochten Eier werden vorsichtig geschält, dann längs halbiert – aus dem Eigelb bereitet er eine würzige Creme, die wieder in die Eierhälften gefüllt wird.

1 Die Eier werden wie oben beschrieben hart gekocht. Dann die Eier abschrecken, pellen und vorsichtig halbieren. Das Eigelb auslösen, in einer Schüssel mit den übrigen Zutaten verrühren und gut würzen. Mit einem Löffel wieder in die einzelnen Hälften häufen, obenauf ein Kräuterblättchen setzen. Die Eier auf einem Bett von Rucola anrichten. Dazu gibt's geröstetes Roggenbrot.

ZUTATEN
Für drei hungrige Kinder und zwei Erwachsene:

5-6 Eier
1 EL Senf
1 TL Sojasauce
1 EL Olivenöl
1 TL Tomatenmark aus der Tube
frische Kräuter
Salz, Pfeffer

Obstsalat

Auch der ist kinderleicht gemacht: Reife Früchte werden geschält, klein geschnibbelt, mit ein paar Rosinen (dann braucht man nämlich gar keinen Zucker!) und grob gehackten Mandeln vermischt. Schmeckt umwerfend gut!

1 Das Obst schälen, entkernen oder entsteinen und klein schneiden. Auch die Trauben halbieren, mit einem Löffel oder einer runden Messerspitze die Kerne herausheben. Alles mit den Rosinen in einer Schüssel behutsam mischen, mit etwas Zitronensaft würzen und mit den gehackten Mandeln bestreuen.

ZUTATEN

Für vier bis sechs Personen:

2 Äpfel
2 Pfirsiche
2 Aprikosen
200 g grüne und blaue Trauben
2 EL Rosinen
Zitronensaft
1 gehäufter EL gehackte Mandeln

TIPP

Das sollten die Kinder ruhig selber machen! Mit großen, scharfen Messern – den richtigen Umgang damit müssen sie nämlich unter Anleitung von Erwachsenen unbedingt üben, dann geht's auch ohne Schnitte ab. Vor allem, wenn sie mit dem richtigen Krallengriff greifen, der verhindert, dass man sich in die Finger schneidet.

Das gemeinsame Essen

Das Wichtigste: Gegessen wird am schön gedeckten Tisch, mit ausreichend Zeit, und zwar gemeinsam – so kann man miteinander genießen, schwatzen, sich erzählen, was der Tag so alles gebracht hat.

Und übers richtige und gute Essen reden, zum Beispiel: „Ist euch aufgefallen, dass wir heute gar kein Fleisch auf dem Teller hatten? Fehlt es euch?" Der Mensch ist von Natur aus ein Mischköstler, er sollte stets eine Mischung aus den unterschiedlichsten Zutaten essen. Von manchem weniger: zum Beispiel Fleisch oder Wurst – davon braucht man durchaus nicht jeden Tag, einmal pro Woche genügt; dafür ruhig zweimal die Woche Fisch, weil der so bekömmlich ist und voller für den Körper wichtiger Stoffe steckt. Aber jeden Tag sollte viel Gemüse und viel Obst auf den Tisch kommen! Denn damit bekommt der Körper das, was er zu seiner Versorgung braucht.

Nicht nur miteinander zu kochen macht Spaß, sondern genauso gemeinsam am Tisch zu sitzen, zu schwatzen – und zu genießen, denn gutes und richtiges Essen, so finden wir, schmeckt eigentlich immer lecker!

Kürbis –
groß in Mode!

Kürbis – groß in Mode!
Neue Rezeptideen für das Schwergewicht

Wohin man im Herbst schaut, auf dem Markt, auf dem Land am Straßenrand, sogar im Supermarkt: Berge von Kürbissen in allen Formen und Farben. Oft leuchten sie nach Einbruch der Dämmerung auch als gruselige, von Kerzenlicht erhellte Fratze neben der Haustür, um die Geister zu vertreiben.

Kürbisse gibt's in unendlicher Vielfalt, und es wäre zu schade, sie nur als Halloween-Dekoration zu verwenden. Wir haben wieder mal neue Rezeptideen rund um das Schwergewicht ausgetüftelt: statt der ewig gleichen, auf die Dauer ziemlich eintönigen Kürbissuppe diesmal einen feinen, eleganten Kürbiscappuccino mit Ingwerschaum und Korianderöl.

Kürbiscappuccino mit Ingwerschaum und Korianderöl

Am besten eignen sich dafür festfleischige Kürbisse, die beim Pürieren schön cremig werden: französischer Muskat- oder der praktische Hokkaidokürbis – Letzteren braucht man nicht zu schälen, und das erspart viel Mühe.

1 Den Kürbis halbieren, die Kerne entfernen, das Fleisch würfeln. Die Zwiebel fein würfeln und in einem ausreichend großen Topf im heißen Öl (beide Sorten) andünsten. Sehr fein gewürfelten Ingwer, Knoblauch und Chili zufügen. Erst dann das Kürbisfleisch mitdünsten und schließlich mit wenig Wasser auffüllen, nur knapp bedecken. Salzen und pfeffern und zugedeckt 30 Minuten lang sanft gar kochen.

2 Am Ende mit dem Pürierstab glatt mixen. Jetzt Sahne und so viel Brühe angießen, bis die gewünschte (nicht zu dicke!) Konsistenz erreicht ist. Mit Fisch- und Sojasauce, Zucker, Balsamico und Zitronensaft abschmecken.

3 Für den Ingwerschaum Milch und Sahne erhitzen, den fein geriebenen Ingwer hineinrühren und ziehen lassen.

4 Für das Korianderöl die abgezupften Blätter mit Salz und Öl glatt mixen.

5 Zum Servieren die Kürbissuppe erhitzen, nochmals abschmecken und auf Kaffeetassen verteilen. Die Ingwermilch mit dem Mixstab oder dem Dampfstab der Espressomaschine aufschäumen, den Schaum mit einem Löffel auf die Oberfläche der Suppe streifen. Mit Klecksen von Korianderöl beträufeln und sofort servieren.

GETRÄNK
Eigentlich trinkt man ja zur Suppe nichts, aber es würde ein trockener Sherry dazu gut passen, am besten ein eleganter, heller Manzanilla, den man auf Eiswürfeln servieren kann und der dann weniger Alkohol hat als ein normaler Sherry.

ZUTATEN
Für vier bis sechs Personen:

1 kleiner Hokkaidokürbis
(ca. 400 g Fleisch)
1 Zwiebel
2 EL Erdnussöl
1 TL Sesamöl
1 walnussgroßes Stück Ingwer
2-3 Knoblauchzehen
1-2 Chilischoten
250 ml Wasser
Salz, Pfeffer
ca. 150 ml Sahne
250 ml Hühnerbrühe
1 EL Fischsauce
1 Spritzer Sojasauce
½ TL Zucker
Balsamico
Zitronensaft

Ingwerschaum:
250 ml Milch
2-3 EL Sahne
1 dicke Scheibe Ingwer

Korianderöl:
1 Handvoll Koriandergrün
1 Prise Salz
125 ml Olivenöl

Kürbiscannelloni mit weißer und grüner Sauce

In der Emilia, der kulinarisch so spannenden Region in Norditalien, liebt man Kürbis besonders. Zum Beispiel als Füllung für Ravioli; davon haben wir uns für dieses Rezept inspirieren lassen. Am besten eignet sich hierzu ein möglichst festfleischiger Kürbis, zum Beispiel der kleine Hokkaidokürbis oder ein Stück vom Muskatkürbis. Den Nudelteig kann man natürlich fertig von der Rolle kaufen – wenn man ihn selber macht, hat man jedoch in der Hand, wie dünn er ist und wie zart deshalb die Cannelloni werden.

ZUTATEN
Für sechs Personen:

Kürbisfüllung:
1 kleiner Hokkaidokürbis oder ca.
500 g Kürbisfleisch (ohne Schale)
2 EL Olivenöl
2 Knoblauchzehen
1 Chilischote (frisch oder getrocknet)
Salz, Pfeffer
1 Eigelb
150 g frisch geriebener Parmesan
Petersilie
3-4 Amaretti (Mandelkekse)
Muskat
Balsamico
ca. 500 ml Brühe

Nudelteig:
400 g Mehl
4 Eigelb
2 ganze Eier
Salz
1 EL Olivenöl
(oder 1 Rolle fertiger Nudelteig)

1 Den Kürbis halbieren, die Kerne mit einem Löffel herausstreifen und wegwerfen. Die Hälften in 2 bis 3 Zentimeter große Würfel schneiden und auf einem großen Stück Alufolie verteilen, das mit Öl eingepinselt wurde (damit der Kürbis nicht anklebt). Den zerdrückten Knoblauch und die fein gewürfelte Chilischote zufügen und mit Salz und Pfeffer würzen. Die Alufolie über dem Kürbis zu einem Paket verschließen.

2 Für ca. 30 Minuten in den 220 °C heißen Ofen legen, bis das Kürbisfleisch weich ist. Dann lässt sich es ganz leicht mit einer Gabel zerdrücken – falls nicht: mit dem Pürierstab glatt mixen. Das Püree in eine Schüssel füllen, Eigelb, Parmesan und fein gehackte Petersilie sowie die zerbröselten Amaretti einarbeiten und mit Muskat und Balsamico kräftig abschmecken.

3 Für den **Nudelteig** Mehl, Eigelb und Eier sowie Salz und einen guten Schuss Olivenöl zusammenkneten. Falls der Teig zu trocken wirkt, etwas warmes Wasser zufügen. Den geschmeidigen Teig zu einer Kugel formen, in Folie packen und 30 Minuten bei Zimmertemperatur ruhen lassen – damit sich der Kleber entwickeln kann und der Teig schön elastisch wird.

4 Den Teig mit der Nudelmaschine oder dem Nudelholz auf der Arbeitsfläche zu glatten Bändern auswalzen. Diese in Quadrate schneiden. Jeweils einen Streifen Füllung an den Rand setzen und das Teigblatt zur Rolle aufwickeln. Nebeneinander in eine flache Gratinform legen. Mit Brühe knapp bedecken und für ca. 15 Minuten in den 200 °C heißen Backofen stellen, um die Nudelrollen vorzugaren.

5 Inzwischen die **grüne Sauce** kochen: dafür die fein gewürfelte Zwiebel im heißen Öl andünsten, den zerdrückten Knoblauch zufügen und schließlich den grob zerkleinerten Spinat. Mit Brühe auffüllen, aufkochen und mit Salz und Pfeffer würzen. Dann mit dem Pürierstab glatt mixen und gut mit Muskat und Cayenne abschmecken.

6 Für die **weiße Sauce** das Mehl in der heißen Butter andünsten, mit Milch und Sahne ablöschen und 20 Minuten köcheln. Dabei die Zitronenschale entweder im Stück mitkochen (und anschließend wieder rausfischen) oder das Ganze am Ende mit frisch geriebener Zitronenschale würzen. Die fertige, cremige Sauce schließlich mit Cayennepfeffer würzen, den Käse einrühren und darin auflösen und am Ende mit Salz, Pfeffer, Worcestershiresauce und Balsamico abschmecken.

7 Die restliche Brühe aus der Auflaufform zu gleichen Teilen zu den beiden Saucen geben und einmixen.

8 Die beiden Saucen dekorativ zwischen den Cannelloni verteilen und die Form nochmals für ca. 10 bis 15 Minuten in den Ofen stellen, bis alles brodelt. In der Form zu Tisch bringen.

GETRÄNK
Ein fruchtiger Rotwein – etwa ein Spätburgunder aus Württemberg, zum Beispiel vom Weingut Adelmann.

Grüne Sauce:
1 kleine Zwiebel
2 EL Olivenöl
1 Knoblauchzehe
150 g blanchierter Spinat
(auch tiefgekühlt)
250 ml Brühe
Salz, Pfeffer
Muskat
etwas Cayennepfeffer

Weiße Sauce:
1 gestrichener EL Mehl
1 EL Butter
ca. 250 ml Milch
200 g Sahne
1 Stück Zitronenschale
Cayennepfeffer
100 g geriebener Käse (Parmesan oder Grana Padano)
Salz, Pfeffer
1 Spritzer Worcestershiresauce
1 TL Balsamico

Kürbisgnocchi mit Kernöl

Aus derselben Masse wie für die Cannellonifüllung lassen sich auch Gnocchi machen. Sie sind entweder ein fabelhaftes Zwischengericht, wie man es in Italien liebt, oder eine Beilage, zum Beispiel zu Schnitzel, Lammkotelett oder Kaninchenbraten.

1 Die Kürbismasse wie auf S. 160 beschrieben herstellen. Ein zweites Eigelb unterrühren sowie etwas Mehl – nur so viel, wie unbedingt nötig ist, damit sich die Masse formen lässt. Je weniger man davon zufügt, desto zarter werden nachher die Gnocchi.

2 Etwas abkühlen und im Kühlschrank fest werden lassen. Dann zu einer Rolle formen, mit einem bemehlten Messer fingerdicke Scheiben abschneiden. Aus jeder Scheibe zwei walnussgroße Bällchen formen und mit einer Gabel flach drücken. Vorsichtig in siedendes Salzwasser befördern und so lange leise ziehen lassen, bis die Gnocchi oben schwimmen.

3 Mit einer Schaumkelle herausheben und abtropfen lassen. In tiefen Tellern anrichten, mit gerösteten Kürbiskernen bestreuen und mit Kürbiskernöl beträufeln.

ZUTATEN
Für drei bis vier Personen:

1 Portion Kürbisfüllung
(siehe Cannelloni-Rezept S. 160),
1 Eigelb
2-3 gehäufte EL Mehl

Außerdem:
Mehl zum Formen
Kürbiskerne
Kürbiskernöl

BEILAGE
Gut schmeckt dazu ein grüner Salat.

GETRÄNK
Ein kräftiger Rotwein – zum Beispiel aus dem Burgenland, wo man sich darauf ebenso gut versteht wie auf Kürbis!

Kürbiskernöl – das steirische Gold

Aus den dunkelgrünen Kernen des steirischen Ölkürbisses wird bereits seit Jahrhunderten in der Steiermark ein wertvolles, sehr begehrtes Speiseöl gepresst. Es mag auf den ersten Blick befremden, denn es sieht zunächst eher ungewöhnlich aus, so dunkel, fast schwarz. Aber es duftet und schmeckt köstlich – es hat einen intensiv nussigen Geschmack. Und überdies ist Kernöl, wie man in Österreich kurz sagt, sehr gesund! Es enthält reichlich ungesättigte Fettsäuren, die wir zur Vitaminbildung, zum Aufbau der Zellwände und der Hormone brauchen. Es gilt als gut bei Blasenbeschwerden, soll der Prostata helfen. Es enthält wichtige Mineralstoffe wie Kalzium, Eisen, Kalium, Magnesium und vor allem auch das seltene und für den Körper so wichtige Selen, das als krebshemmend gilt. Kürbiskernöl schützt erwiesenermaßen stärker vor freien Radikalen als jedes andere Speiseöl!

Seine Qualität erkennt man übrigens an der typischen tiefdunklen Farbe, die sich vor dem Hintergrund eines weißen Tellers in einem leuchtenden, tiefdunklen Grün zeigt. Mindere Qualitäten, nämlich Öl aus zu heiß gerösteten Kernen, zeigen bei diesem Test einen braunrötlichen Ton. Öl aus geschälten oder schalenlos gewachsenen Kernen (eine Neuzüchtung, kommt häufig aus China) ist heller und eher gelblich, es fehlt ihm außerdem der typisch nussige Geschmack.

Kürbiskernöl sollte man immer vor Sonnenlicht schützen, also stets dunkel und eher kühl aufbewahren, so hält es bis zu einem Jahr. Man kann es sogar, wenn man es ganz frisch aus der Presse bekommen hat, portionsweise einfrieren – dann schmeckt es nach dem Auftauen und mit Zimmertemperatur wie frisch gepresst, einfach sensationell!

Und noch ein praktischer Tipp: Flecke von Kürbiskernöl auf der weißen Bluse sind scheußlich und widersetzen sich hartnäckig allen Reinigungsbemühungen. Sie gehen jedoch mühelos wieder raus, wenn man sie eine Weile in die direkte Sonne legt.

Gebackene Kürbisschnitten mit Tomaten

Schnell gemacht, ein ebenso hübscher wie appetitlicher Imbiss oder eine delikate Vorspeise.

1 Den Kürbis schälen, in zentimeterdicke Scheibchen schneiden, die Kerne herausstreifen. Auf einem mit Öl bepinselten Blech verteilen; gut eingeölt, gesalzen, gepfeffert und mit Oregano bestreut zunächst im 150 °C heißen Ofen ca. 10 Minuten backen, bis das Fleisch fast weich ist.

2 Inzwischen die Tomaten häuten, entkernen, sehr fein hacken und in einem Sieb gründlich abtropfen lassen. Schließlich mit zerdrücktem Knoblauch, Salz und Pfeffer würzen. Jeweils einen Klecks davon auf die Kürbisschnitten setzen. Obenauf 1 Scheibchen Mozzarellakäse und in Streifen geschnittenes Basilikum geben. Erneut in den Ofen schieben, etwa 10 Minuten lang, bis der Käse geschmolzen ist. Heiß, also sofort servieren.

ZUTATEN
Für sechs Personen

1 Stück Kürbis (ca. 500 g)
Olivenöl
Salz, Pfeffer
1 EL Oregano
3 reife Tomaten
1 Knoblauchzehe
100 g Mozzarella
Basilikum

BEILAGE:
Es genügt frisches Brot. Serviert man dazu noch eine Scheibe gedämpftes Fischfilet oder ein Lammkotelett, hat man ein perfektes Herbstessen!

GETRÄNK:
Dazu ein kräftiger Weißwein, ein gehaltvoller Weiß- oder Grauburgunder etwa, dessen wuchtiger Körper mit der Süße des Kürbisses und den Gewürzen harmoniert.

Kürbiskonfitüre

Passt glänzend zum Käse – aber durchaus auch aufs Frühstücksbröt-
chen! In einem schönen Glas ist die Kürbis-Konfitüre auch ein
hübsches Geschenk!

1 Das Kürbisfleisch würfeln, mit Zucker und Apfelsaft vermischen und
abgeriebene Zitronenschale unterrühren. Aufkochen – möglichst im
Kupfer- oder Messingkessel, der bewirkt, dass die Masse schnell kocht
und besser hält –, dabei Sternanis und Zimt sowie die getrockneten
Chilis ohne Stiel mitkochen. Wer frische Chilis verwendet, gibt sie erst
am Ende hinzu, sehr fein gewürfelt und ohne Kerne.

2 Wie lange die Konfitüre kochen muss, hängt von der Sorte ab:
wasserhaltiges Kürbisfleisch braucht länger, mürbes ist schneller am
richtigen Punkt. Ca. 10 bis höchstens 15 Minuten müssten genügen.

3 Die Gelierprobe zeigt, ob die Masse die richtige Konsistenz hat:
Einen Tropfen Konfitüre auf einen zuvor kalt gestellten Teller geben:
Er sollte stehen bleiben und nicht gleich zerfließen.

4 Schließlich die Gewürze aus der Konfitüre wieder herausfischen und
mit dem Pürierstab in der Masse „spazieren gehen". Gelee in saubere
Schraubgläser abfüllen, diese verschließen, auf den Kopf stellen und
so abkühlen lassen.

ZUTATEN
Für ca. sechs Gläser à 200 g:

1 kg Kürbisfleisch
900 g Zucker
ca. 250 ml Apfelsaft
1 Zitrone
2 Sternanis
1 Zimtstange
ca. 5 getrocknete
oder 2-3 frische Chilis

Kürbismuffins

ZUTATEN
Für zwölf Stück:

150 g Butter
2 Eier
80 g Zucker
120 ml Milch
2 EL Mandellikör (Amaretto)
300 g Mehl
2 TL Backpulver
1 Prise Salz
50 g Amaretti (Mandelplätzchen)
400 g geraffeltes Kürbisfleisch
100 g Bitterschokolade
Butter für die Förmchen

Ohne viel Aufwand gemacht und einfach entzückend. Gut zum Kaffee,
auch ein hübsches Mitbringsel!

1 Die Butter schaumig schlagen, die Eier sowie den Zucker unterrühren. Anschließend die Milch und den Mandellikör zufügen.

2 Mehl, Backpulver und die Prise Salz durch ein Sieb zufügen und un-
termengen. Am Ende auch die zerkrümelten Amaretti, das Kürbisfleisch
und die gehackte oder geraspelte Schokolade unterrühren.

3 Diese Masse in gründlich ausgebutterte oder mit Papierförmchen
ausgekleidete Muffinförmchen füllen. Bei 180 °C im vorgeheizten Ofen
(Heißluft) ca. 40 bis 45 Minuten backen.

Geschenke aus der Küche

Geschenke aus der Küche

Persönlicher und netter geht's nicht!

Weihnachten steht ja immer schneller vor der Tür, als einem am Ende lieb ist. Da ist derjenige fein raus, der sich schon mal in aller Ruhe entsprechende Geschenke ausgedacht hat. Geschenke, die man essen kann, sind immer willkommen. Und noch schöner sind sie, wenn man sie selbst gemacht hat. Man kann ziemlich sicher sein: Darüber freut sich jeder – auch wenn er „schon alles hat". Oder wenn man seinen Geschmack nicht kennt oder es einfach nur eine originelle Kleinigkeit sein soll. Wir haben mal wieder in unserem Rezeptfundus gekramt und darin pfiffige Leckerbissen gefunden.

Krokantmandeln

Wir haben diese Krokantmandeln – oder auch Mandelkrokant – in unserem Lieblingsfischrestaurant an der toskanischen Küste serviert bekommen und nicht genug davon kriegen können. Sie sind einfach zu verführerisch. Und im Prinzip kinderleicht herzustellen:

1 Den Zucker mit dem Wasser anfeuchten und in einer Pfanne schmelzen. Wenn er flüssig geworden ist, die Mandeln zufügen – sie sollen regelrecht vom Zucker umschlossen sein und darin kochen.

2 Wenn der Zucker milchkaffeebraun geworden ist – nicht zu dunkel! –, alles auf eine mit Öl bestrichene Granit- oder Marmorfläche oder auf ein mit Backpapier ausgelegtes Blech kippen und flach verteilen, dabei mit einer Palette arbeiten und die Mandeln möglichst vereinzeln. Abkühlen lassen und in unterschiedlich große Stücke brechen.

3 Die Krokantmandeln zum Verschenken entweder in Zellophantüten verpacken und mit einem dekorativen Schleifchen versehen oder in eine elegante Bonbonniere füllen.

ZUTATEN:
250 g Zucker
2-3 EL Wasser
250 g Mandeln
2 EL neutrales Öl

Karamellbonbons

Eine Art Toffee, also Rahmkaramell. Das Besondere an unserem Rezept: Die süßen, weichen Bonbons sind mit Salz gewürzt. Das klingt verrückt, es ist eine Idee aus Guérande, wo man das würzige bretonische Meersalz und ein begehrtes Fleur de Sel erzeugt. Der Kontrast zwischen dem süßen Karamell und den Salzkristallen ist einfach zu betörend!

Man muss ein wenig aufpassen beim Zuckerkochen, damit der Karamell nicht zu dunkel wird.

ZUTATEN

Für ca. 300 g Bonbons:

200 ml Sahne
¼ TL Salz
250 g Zucker
50 g frische Butter
1 TL Fleur de Sel

1 Die Sahne mit Salz und Zucker in einem Topf gründlich verrühren und schließlich rasch zum Kochen bringen. Sprudelnd kochen lassen, dabei den Topf nicht aus den Augen lassen, die Masse kocht leicht hoch und steigt über den Topfrand – deshalb unbedingt einen hohen, großen Topf dafür nehmen.

2 Wenn der Karamell milchkaffeefarben geworden ist, den Topf vom Herd ziehen und die Butter einrühren. Um zu prüfen, ob die Masse die richtige Konsistenz hat, mit einem Löffel etwas davon herausholen und in kaltes Wasser geben. Der Karamell sollte sich dann so anfühlen, wie man die Bonbons haben will – so weich, dass sie auf der Zunge schmelzen, auf keinen Fall zu hart. In letzterem Fall einen Schuss Sahne, eventuell sogar ein Stück Butter zufügen!

3 Den Karamell auf ein mit Alufolie ausgelegtes flaches Blech gießen – es muss so bemessen sein, dass die Masse knapp zwei Zentimeterhoch darin steht (ca. 15 x 22 Zentimeter). Abkühlen lassen. Sobald die Oberfläche sich eben fest anfühlt, das Fleur de sel so verteilen, dass sich nachher auf jedem Bonbon ein paar Krümel obenauf befinden.

4 Bevor die Masse zu hart dazu geworden ist, in Bonbons schneiden. Dafür das Messer mit Öl einreiben, damit der Karamell nicht daran klebt.

5 Wer die Mühe nicht scheut, kann die Bonbons einzeln in Cellophan wickeln. Oder aber auch einfach so in einer schönen Glasschale oder einer eleganten Dose verschenken.

Mandeltörtchen

Beim Zubereiten vom Eierlikör (siehe S. 172)bleibt eine Menge Eiweiß übrig. Daraus entstehen diese köstlichen Mandeltörtchen. Sie halten sich gut, bleiben mindestens eine ganze Woche frisch und saftig. Besonders hübsch: wenn man die Törtchen in einem Muffinblech mit kleinen Gugelhupf-Förmchen bäckt. Die Küchlein in Zellophanbeutel packen und verschenken.

1 Die Butter in einem kleinen Topf bei milder Hitze aufkochen, bis sie nach Haselnuss duftet. Dann den Topf sofort in kaltes Wasser stellen, damit der Boden abkühlt.

2 Zucker und Eiweiß in einer Schüssel mit einem Holzlöffel gründlich verrühren, nicht schaumig schlagen! So lange rühren, bis der Zucker aufgelöst ist.

3 Die Mandeln im elektrischen Zerhacker zu Pulver mixen, zusammen mit dem Kokosmehl unter das Eiweiß rühren. Jetzt auch die Butter sowie Likör und Honig in die Masse arbeiten.

4 Die Muffinförmchen mit Butter ausstreichen, die Masse gleichmäßig darin verteilen – am besten aus einer Kanne gießen, dann tropft es nicht so. Die Vertiefungen nur zu zwei Dritteln füllen, der Teig steigt beim Backen hoch.

5 Bei 220 °C Ober- und Unterhitze (190 °C Heißluft) ca. 15 Minuten backen, bis die Törtchen hochgegangen und goldbraun geworden sind. Unbedingt noch warm aus den Förmchen lösen, sie bleiben sonst leicht kleben und zerbrechen.

ZUTATEN
Für zwei große Muffinbleche mit je zwölf Vertiefungen:

250 g Butter
250 g Zucker
8 Eiweiß
100 g Mandeln
80 g Mehl (z. B. Kokosmehl, siehe Tipp)
2 EL Himbeer- oder Honiglikör
1 TL Honig
Butter für die Förmchen

TIPP

Kokosmehl aus dem getrockneten Fleisch von Kokosnüssen kommt von den Philippinen und ist in Bio- und Naturkost-Läden zu finden. Es empfiehlt sich nicht nur wegen des wunderbaren, zarten Kokosgeschmacks, sondern vor allem, weil es kein Gluten enthält und deshalb sogar für Allergiker geeignet ist.

Eierlikör

Schmeckt einfach umwerfend – ein wirklich besonderes Geschenk! Suchen Sie dafür hübsche Flaschen aus und malen Sie ein schönes, persönliches Etikett!

1 Sahne und Milch in einem hohen Topf aufkochen. Den Zucker zufügen und darin auflösen. Vanilleschote hineingeben, den Topf vom Herd nehmen und 10 Minuten ziehen lassen.

2 Anschließend die Vanillestange längs aufschlitzen, das Mark herauskratzen und in die Sahne rühren. Nochmals aufkochen.

3 Inzwischen die Eigelb in einer Schüssel mit einem Schneebesen cremig schlagen. Einen kleinen Teil der heißen Sahnemilch angießen und gründlich weiterschlagen. Dann diese Mischung in den Topf zur Sahnemilch gießen. Alles auf starker Stufe erhitzen, dabei mit einem hitzebeständigen Gummispatel oder einem Holzlöffel kräftig und vor allem schnell rühren – mit ihm auch immer wieder über den Boden ziehen, damit dort auf gar keinen Fall etwas ansetzt. Das ist wichtig, damit die Eiercreme nicht zu heiß wird und ausflockt.

ZUTATEN
Für ca. 1,5 l:

500 ml Sahne
500 ml Milch
250 g Zucker
1 Vanilleschote
8 Eigelb
200 ml 90 oder 300 ml
70-prozentiger Alkohol

TIPP

Den hochprozentigen Alkohol bekommt man in der Apotheke (vielleicht verraten Sie dem Apotheker besser nicht, dass Sie ihn zum Liköransetzen brauchen, er verkauft ihn eigentlich für medizinische Zwecke – zum Desinfizieren). Die Preise variieren von Apotheke zu Apotheke stark, da sie frei kalkulierbar sind. In der Apotheke unseres Vertrauens kostet 1 Liter 70-prozentiger Alkohol gut 18 Euro. (Tipp: Im Internet nach „geschmacksneutraler Ansatzspirituose" suchen!) In Italien kann man hochprozentigen Alkohol (also mit 90 Prozent) übrigens in jedem Supermarkt für solche Küchenzwecke kaufen, den Liter um die 20 Euro. Es ist wirklich nicht zu verstehen, wieso das bei uns nicht möglich ist.

Wer Probleme hat, den neutralen Alkohol zu bekommen, setzt den Likör mit der doppelten Menge Cognac an oder mit klarem Brand, zum Beispiel mit Wodka. Wegen des geringeren Alkoholgehalts ist der Eierlikör dann jedoch nicht so lange haltbar, auch müssen Sie ihn dann im Kühlschrank aufbewahren. Er sollte nach 3 bis 4 Wochen ausgetrunken sein.

Bevor die Masse aufkocht, den Topf wieder vom Herd nehmen. Gründlich weiterrühren, bis die Masse erneut abgekühlt ist (am besten den Topf dafür in kaltes Wasser stellen).

4 Erst jetzt den Alkohol zufügen und die Masse mit dem Schneebesen oder besser noch mit dem Mixstab kräftig aufschlagen.

5 In Flaschen füllen, mit einem Korken verschließen. Der Eierlikör bleibt mit dieser Alkoholkonzentration monatelang haltbar.

TIPP

Bevor Sie den Eierlikör in hübsche Flaschen abfüllen, über Nacht in den Kühlschrank stellen. Falls er zu dick ist, am nächsten Tag mit je einem Schuss Milch oder Sahne und Alkohol (Cognac, Wodka etc.) auf die gewünschte Konsistenz verdünnen und nochmals aufmixen.

Duftendes Salz

Würzsalze sind ja schwer in Mode – man stellt ein Schälchen davon zusammen mit Olivenöl und gutem Brot auf den Tisch, jeder bedient sich, dazu ein Glas Wein und mehr braucht man nicht zu seinem Glück. Dafür nimmt man feines oder grobes Meersalz, für ganz erlesene Zubereitungen auch das kostbare Fleur de sel, und mischt nach den eigenen Vorlieben:

- **Paprikasalz:** Ein duftendes, gutes Paprikapulver untermischen – Mengenverhältnis 1:3 (1 Teil Paprika zu 3 Teilen Salz).

- **Italienisches Würzsalz:** Getrockneten Oregano, Thymian und einige frische Rosmarinnadeln mixen, dann unter grobes Meersalz mischen. Für eine feine Variante alles, auch das Salz, im Mixer pulverisieren.

- **Currysalz:** Kreuzkümmel, Bockshornklee und Cayennepfeffer unter feines Fleur de Sel mischen oder mit normalem Salz mixen.

- **Hibiskussalz:** Unter 250 Gramm Meersalz 1 kleine Handvoll Hibiskusblüten mixen. Man findet sie als Malventee in Naturkost- oder Gewürz-Läden.

Diese Salze in vier Farben, Düften und Konsistenzen jeweils in schöne Glasbehälter füllen – zum Beispiel in Reagenzgläser, die mit einem Korken verschlossen werden. Eventuell sogar ein Gestell dafür finden (oder basteln), damit die Gläser im Küchenregal stehen oder an der Wand aufgehängt werden können. Oder metallene Gewürzdosen nehmen mit gläsernem Deckel, durch den man die schönen Salzfarben sehen kann.

Feines, zartes und grobes Salz

Dass Salz nicht gleich Salz ist, es vielmehr erhebliche Unterschiede gibt, die sich auch im Preis deutlich bemerkbar machen, das hat sich ja bereits herumgesprochen. Im Prinzip ist Salz Natriumchlorid – allerdings birgt es je nach Herkunft unterschiedliche Mengen an Mineralien und Inhaltsstoffen und liefert auch je nach Konsistenz, Feinheit oder Körnigkeit unterschiedliche Effekte. Deshalb sollte man dem jeweiligen Verwendungszweck entsprechend möglichst immer auch das passende Salz auswählen.

Für das eingesalzene Suppengrün (siehe S. 176) wird das Salz zum Konservieren verwendet, in diesem Fall kann man also ganz „normales" Salz nehmen, ob Meer- oder Steinsalz, ist egal. Im Prinzip ist schließlich Steinsalz auch nichts anderes als Meersalz, nur eben einige Jahrtausende älter als das frisch aus Meerwasser gewonnene. Es sollte aber auf jeden Fall feines Salz genommen werden, das übliche Haushaltssalz also. Grobes Salz, wie man es für die Salzmühle verwendet, löst sich nicht schnell genug auf, um sich sofort mit dem zerkleinerten Wurzelgemüse vermischen und dann tatsächlich als Konservierungsmittel wirken zu können.

Ob man für die Würzsalze Meer- oder Steinsalz nimmt, ist Geschmackssache; wenn es zusammen mit den Würzzutaten gemixt wird, sollte man ruhig das grobe Salz verwenden. Es erhält dann beim Mixen die richtige Körnung und nimmt dabei zugleich die Aromen und die Farbe besser auf.

Mischungen mit pulverisierten Gewürzen, die nicht weiter zerkleinert werden, stellt man besser mit feinem Salz zusammen. Besonders gut geeignet ist in diesem Fall das zarte Fleur de Sel, mit den unterschiedlich großen Körnchen, die sich zudem leicht zerreiben oder zerdrücken lassen und deshalb das beigefügte Gewürz immer wieder auf unterschiedliche Weise herausstellen.

Einen pfiffigen Effekt erzielt man mit Flockensalz, das in Form kristalliner Salzscheibchen aus der Packung kommt (hergestellt auf Mallorca oder in England). Diese Salzflöckchen splittern leicht auf der Zunge und geben das Salzaroma ganz langsam frei.

Eingemachtes Suppengrün

*Klingt profan, ist aber ein wirklich gutes und originelles Geschenk –
ein Löffel davon an Suppe, Sauce oder Brühe – und schon bekommt
sie Pep!*

1 Möhren, Sellerie, Zwiebeln, Petersilienwurzel und Lauch im Mixer
zerkleinern oder durch den Fleischwolf drehen; dabei 2 Handvoll
Petersilie sowie die Tomaten zugeben und schließlich in einer großen
Schüssel mit dem Salz gründlich vermischen.

2 Diese Masse in Schraubgläser abfüllen, mit einem hübschen Etikett
versehen und zusammen mit einer Anleitung verschenken, wie man
diese Würze verwendet. Hält an dunklem, kühlem Ort ein Jahr!

ZUTATEN
Für ca. acht bis zehn Gläser à 220 g:

je 500 g Möhren, Sellerie,
Zwiebeln, Petersilienwurzel,
Lauch (geputzt gewogen)
1 dicker Strauß glatte Petersilie
2-3 große Tomaten
500 g Salz

Tomatenpesto

Keine Angst, wir verwenden dafür keine anämischen Tomaten aus winterlichen Gewächshäusern. Unser Pesto entsteht aus getrockneten Tomaten. Es ist deshalb eine unerhört würzige Paste, die sich vielseitig einsetzen lässt: als Aufstrich auf Crostini, löffelweise als Würze für zu blass geratene Suppen und Saucen, als Begleitung zu gebratenem Fleisch oder für die Pasta. Dazu kann man dann den tollen Spaghettikochtopf schenken, endlich mal das ausreichend große Pastasieb und/oder supergute Spezialspaghetti!

1 Die getrockneten Tomaten mit kochendem Wasser gerade eben bedecken und einweichen. Anschließend abtropfen (Einweichwasser zur Seite stellen) und klein schneiden.

2 In einem Topf die gewürfelte Zwiebel in etwas Olivenöl andünsten, gehackten Knoblauch, entkernte Chilis und die Tomaten dazugeben, ebenso Oregano und Lorbeer. Mit Salz (wenig), Pfeffer (mutig) und Zucker (1 gute Prise) würzen. Mit der Einweichflüssigkeit knapp bedecken und zugedeckt etwa 20 Minuten leise köcheln. Erst jetzt fein geschnittene Petersilie oder Basilikum unterrühren.

ZUTATEN
Für 4 Gläser à 200 ml Inhalt:

250 g getrocknete Tomaten
1 große Zwiebel
3 EL Olivenöl
3-5 Knoblauchzehen
2-3 frische oder 2 getrocknete Chilis
1 TL Oregano
2 Lorbeerblätter
Salz, Pfeffer
1 Prise Zucker
glatte Petersilie und/oder Basilikum
ca. 100 ml Olivenöl

3 Dann im Mixer oder mit dem Pürierstab zerkleinern. Dabei frisches Olivenöl zufügen, bis die Masse schön cremig ist. In Gläser füllen. Mit einem Ölfilm obenauf hält sich der Pesto 2 bis 3 Wochen. Oder die Gläser im Backofen oder Einmachkessel sterilisieren, dann kann man sie bis zu 1 Jahr aufbewahren.

Weihnachts-
bäckerei

Weihnachtsbäckerei – Plätzchen und Konfekt mit Schokolade!

Süßes zum Advent

Alle Jahre wieder ... brauchen wir Leckereien für den bunten Teller. Diesmal konzentrieren wir uns ganz auf Schokolade, aber natürlich mit Haselnuss und Mandelkern und anderen guten Zutaten – damit es alsbald in Ihrer Küche weihnachtlich duftet und die ganze Familie Lust auf die schöne Weihnachtszeit bekommt.

Vom Umgang mit Schokolade

Damit die Schokolade das Gebäck oder die Praline am Ende dunkel-mattschimmernd-glänzend überzieht, ist es wichtig, dass man sie sachgerecht behandelt. Ist sie beim Schmelzen zu heiß geworden, erkennt man das an den grauen Schlieren an der Oberfläche. Es ist Fett, das sich abgesetzt hat. Man kennt das auch von der Schokoladentafel, die man in der Sonne vergessen hat und die dann beim Auspacken unschön grau aussieht. Deshalb ist das Schmelzen der Schokolade fürs Backen ein Vorgang, der enorm viel Aufmerksamkeit erfordert; nur wenn man es richtig macht, bewahrt die Schokolade nach dem Abkühlen ihren Glanz, nur dann ist sie zart und glatt.

Profis tablieren Schokolade, sie gießen dafür einen Großteil der geschmolzenen Schokolade auf eine Marmor- oder Granitplatte, wo sie dann mit einem Spatel immer wieder verstrichen und zusammengeschoben wird. Dabei kühlt die Masse ab, die Kristalle werden immer wieder zerrieben und die Masse hat erst nach einiger Zeit die richtige

Temperatur; sie wird schön glatt und nach dem Abkühlen perfekt aussehen. Das ist ein zeitraubender, ziemlich umständlicher Vorgang. Einfacher geht es so: Man schmilzt nur etwa zwei Drittel der benötigten Schokoladenmenge – möglichst im Wasserbad und sehr langsam, auf kleinster Einstellung, nie bei zu starker Hitze. Die Schokolade mit einem Gummischaber währenddessen immer wieder umrühren, und erst ganz am Ende die restliche Schokolade unterrühren. Jetzt den Topf vom Herd nehmen und etwas abkühlen lassen.

Dann aber unbedingt nochmals vorsichtig erwärmen! Zuerst nur einen Teil der Menge ganz langsam schmelzen, im Wasserbad oder in einem dickwandigen Topf, der die Hitze gleichmäßig weitergibt. Das Schlimmste, was beim Schokoladenschmelzen passieren kann, ist zu viel Hitze. Dadurch krümelt der Zucker und es entstehen Klümpchen, die sich nicht mehr auflösen. Damit die Temperatur regelmäßig wieder abgesenkt wird, immer wieder feste Schokoladenstücke einrühren. Und Geduld haben – das ist im Umgang mit Schokolade das Allerwichtigste!

Schokolade – ein besonderer Stoff!

Wenn die Schokolade mit so wenig anderen Zutaten wie in unseren Rezepten kombiniert und von ihnen geschmacklich beeinflusst wird, dann ist das Ergebnis so gut (oder so schlecht) wie die Schokolade, die man verwendet. Deshalb hier gleich ein paar Tipps dazu: Es gibt ja unendlich viele Sorten und Unterschiede, nicht nur weiße, Vollmilch und Bitterschokolade. Allein die Bitterschokolade wird mit unterschiedlichstem Kakaoanteil angeboten – je höher, desto bitterer. Kuvertüre nennt man Schokolade mit einem höheren Fettanteil, die sich deshalb fürs Backen und Pralinenmachen besser eignet; sie glänzt immer schöner als andere Schokolade.

Um Qualität zu finden, ist in jedem Fall der Blick auf die Inhaltsstoffe wichtig: Bittere Spitzenschokolade und Kuvertüre bestehen in erster Linie aus Kakaomasse (Kakaopulver) und Kakaobutter (dem extrahierten Fett der Kakaobohnen) sowie mehr oder weniger Zucker. Hinzu kommen eventuell Aromen – und Zusätze, die die Schokoladenherstellung vereinfachen bzw. verbilligen. Je weniger davon drin sind, desto besser – und natürlich unbedingt auf natürliche Aromen achten!

Vollmilchschokolade ist bekanntlich sehr viel süßer (oft ist die Haupt-zutat Zucker!), Kakaomasse und -butter werden mit Milch- und Sahne-pulver ergänzt, und Lecithin sowie andere Zutaten sind die Regel, um das Ganze geschmeidiger und stabiler machen – sie spielen beim Backen jedoch nur eine untergeordnete Rolle und zum Pralinenmachen benötigt man sie eher selten.

Qualität ist natürlich auch eine Preisfrage, aber zu Weihnachten kann man sich schon mal etwas gönnen. Je länger nämlich die Kakao-masse conchiert wird – das heißt bei einer bestimmten Temperatur zwi-schen Walzen stundenlang zerrieben und gemischt –, desto zarter die Konsistenz, desto schmelzender der Körper und umso intensiver der Geschmack. Diese Zeit kostet Geld, macht aber auch billigere Zusatz-stoffe überflüssig ...

Schokolade und ihre gesunden Seiten

Dass Schokolade glücklich macht, wissen wir alle. Ihr Genuss erhöht im Gehirn den Tryptophanspiegel, was wiederum die Serotoninproduktion anregt – und dieser Botenstoff gilt als Glückssubstanz. Theobromin, Götterspeise, wurde Schokolade deshalb auch genannt. Amerikanische Wissenschaftler unter der Leitung von W. Jeffrey Hurst haben jetzt ent-deckt, dass Kakao noch viel mehr kann: Reiner, unvermischter Kakao und ungesüßte Backschokolade, wie man sie zur Herstellung von Prali-nen und Kuchen verwendet, enthalten eine besonders hohe Menge an Resveratrol *(Journal of Agricaltural and Food Chemistry)*. Dieser sekun-däre Pflanzenstoff ist hochaktiv: Er ist ein Antioxidans, schützt die Zel-len und verhindert die Bildung von freien Radikalen. Diese aggressiven Sauerstoffverbindungen stehen im engen Zusammenhang mit Herz-Kreislauf-Erkrankungen, Entzündungen und Krebs. Bisher waren vor al-lem Rotwein und Traubensaft als gute Resveratrollieferanten bekannt. Die neuen Untersuchungen bescheinigen nun auch Kakao diese Fähig-keit. Die Forscher testeten verschiedene Kakaoprodukte, von Pulver bis zu Milchschokolade, auf ihren Resveratrolgehalt.

An erster Stelle steht dabei gemahlener Kakao mit 1,85 Mikrogramm pro Gramm, an zweiter ungesüßte Backschokolade mit 1,24 Mikro-gramm. In heller Schokolade findet sich dagegen weniger dieses heil-samen Stoffes.

Haselnusstürmchen

*Die karamellisierten Nüsse knacken regelrecht unter dem Schoko-
ladenmantel ... ein verführerischer Genuss!*

1 Die Nüsse auf einem Blech im Backofen bei 180 bis 200 °C 10 Minuten rösten, auf ein Tuch schütten und rubbeln, bis sich die Haut weitgehend löst. Gut ausschütteln.

2 Zucker, Wasser und Vanillezucker 3 Minuten lang zu einem hellen
Karamell kochen. Dann die noch warmen Nüsse zufügen und mischen,
bis der Zucker alles umschließt. Der Karamell soll haselnussbraun
werden und die Nüsse glänzend einhüllen.

3 Auf einem mit Öl eingepinselten Blech verteilen, dabei die Nüsse, so
gut es geht, mit einer Gabel und einem Löffel vereinzeln. Sobald sie ein
wenig abgekühlt sind, mit eingeölten Fingern je drei Nüsse zusammen-
fügen und eine vierte Nuss obenauf setzen. Diese Türmchen etwas abkühlen lassen. Zum Schluss in die geschmolzene Schokolade tauchen.

4 Auf einem Gitter auskühlen und trocknen lassen.

ZUTATEN
Für 35 Stück:

200 g Haselnüsse
70 g Zucker
2 EL Wasser
1 TL Vanillezucker
Öl zum Einpinseln des Bleches
und als Schutz für die Finger
200 g dunkle Schokolade

Bettelmönchtaler

Taler aus Schokolade, in denen Nüsse und Trockenfrüchte stecken – in Frankreich gehören sie zu Weihnachten wie bei uns die Zimtsterne. Man nennt sie Mendiants. Der Name leitet sich ab von lateinisch mendicare = betteln, daraus entwickelte sich der Begriff Mendikant für Bettelmönch. Und die Nüsse und Trockenfrüchte (Rosine, Feigenstück) symbolisieren jeweils einen der vier großen Mönchsorden: Die Rosine steht für die Dominikaner, die Haselnuss für die Augustiner, die getrocknete Feige ist Sinnbild für die Franziskaner und die Mandel für die Karmeliter.

ZUTATEN

Für 30 Stück:

250 g dunkle allerbeste Schokolade
oder Kuvertüre
4 getrocknete Aprikosen
2-3 getrocknete Feigen
je ca. 50 g Haselnüsse, Mandeln,
Pinienkerne, Pistazien, Rosinen

1 Die Schokolade behutsam schmelzen. Mit einem Löffel oder mit dem Spritzbeutel Tupfen auf eine Backmatte/Backfolie setzen. Das Ganze sollte vorsichtig geschehen, damit die Kleckse auch wirklich rund werden. Etwas abkühlen und fest werden lassen.

2 Die Aprikosen und Feigen in so kleine Stückchen schneiden, dass sie zu den Nüssen passen.

3 Die Trockenfrüchte und Nüsse auf den Schokoladenklecksen platzieren – sie sollen ein hübsches Bild ergeben: Haselnüsse (diese, wie immer, zuvor rösten und von ihrer Schale befreien, siehe dazu auch Seite 185), Mandeln, Pinienkerne, Pistazien, Rosinen, Stücke von Aprikosen und Feigen.

4 Abkühlen lassen, vorsichtig von der Folie lösen – fertig! Kühl, aber nicht kalt aufbewahren, bei ca. 16, höchstens 18 °C.

Wissenswertes über Haselnüsse

Die nahrhaften Schließfrüchte (wie man Haselnüsse botanisch korrekt bezeichnet) kennt die Menschheit schon seit der Mittelsteinzeit; bis zum Beginn des Getreideanbaus in der Jungsteinzeit waren sie dank ihres hohen Fettgehalts ein wichtiges Nahrungsmittel im Winter, wenn es sonst wenig anderes gab. Die ursprünglich aus Kleinasien stammende Haselnuss ist über Griechenland nach Europa gelangt. Die lateinische Bezeichnung des Haselnussstrauchs, *Corylus avellana*, zeugt davon, dass die Römer die Pflanzenart aus der Familie der Birkengewächse in die Provinz Avellino nach Italien brachten und dort kultivierten.

Die kleinen, eiförmigen Nüsse sitzen in einer dünnen, holzigen Schale und haben im ausgereiften Zustand eine dünne hellbraun-rötliche Haut. Diese ist bitter und beeinträchtigt den milden Nussgeschmack, deshalb sollte sie entfernt werden, bevor man sie in der Küche verwendet. In Frankreich, Italien und Österreich – Länder, in denen die Konditorkunst hohes Ansehen genießt – werden daher Haselnüsse zum Backen bereits geröstet und geschält verkauft. Sie sind dann vakuumverpackt, damit sie nicht zu rasch ranzig werden und verderben. Hierzulande müssen wir diese Arbeit selbst erledigen: Dafür die Nüsse auf einem Blech verteilen und für ca. 8 bis 10 Minuten in den 180 bis 200 °C heißen Ofen (je nachdem ob Heißluft oder Ober/-Unterhitze) schieben. Dann auf ein Tuch schütten und kräftig rubbeln – so löst sich die kross gewordene Haut weitgehend. Die Nüsse anschließend am besten in einem weitmaschigen Sieb kräftig schütteln, bis alle Haut weggestoben ist.

Frische Nüsse sind innen weiß und weisen keinen größeren Hohlraum auf. Sie müssen luftig gelagert werden, da die Kerne teilweise noch feucht sind und leicht schimmeln. Lagerung bei einer Temperatur über 12 °C lässt die fettreichen Nüsse schnell ranzig werden. Deshalb sollte man sie einfrieren, will man sie länger aufbewahren. Mit rund 700 Kalorien pro 100 Gramm und einem Fettanteil von über 61 Prozent ist die Haselnuss eine der energiereichsten Schalenfrüchte. Sie verfügt über einen hohen Anteil an lebensnotwendigen Fettsäuren und ist reich an Vitamin E.

Schokotrüffel

Für dieses Rezept darf man nur absolut frische Zutaten verwenden – hier schmeckt man, wenn die Butter auch nur den kleinsten Stich hat oder die Sahne von minderer Qualität ist. Der Aromastoff, mit dem die Masse gewürzt wird – Rum, Whisky, Himbeergeist oder ein anderer Obstbrand, Likör oder Cognac – gibt den Trüffeln dann ihren Namen.

1 Die Schokolade zerbröckeln und in eine Schüssel geben. Die Sahne heiß darübergießen, alles schmelzen lassen, dabei immer wieder mit einer Gabel rühren. Erst am Schluss die Butter in Würfeln und den namenspendenden Alkohol dazugeben. Die Masse sehr gründlich rühren, damit sich alles innig mischt, anschließend kalt stellen. Am besten einen ganzen Tag lang.

2 Dann mit einem Teelöffel Portionen abstechen oder die erkaltete Masse in Würfel schneiden. Mit kühlen Fingern rasch zu Kugeln formen. Schließlich in Schokolade tauchen und/oder in Kakaopulver oder in Puderzucker wälzen.

ZUTATEN
Für ca. 50 Stück:

500 g Schokolade (mindestens
60-70%ige)
250 ml Sahne
50 g Butter
3 EL Rum (alternativ Orangenlikör,
Whisky oder Cognac)
Schokolade zum Überziehen
und/oder Kakaopulver oder
Puderzucker zum Wälzen

TIPP

Noch einfacher geht's, wenn man die Masse in eine rechteckige flache Schale gießt, die sie dann gut fingerdick ausfüllt. Nach dem Auskühlen mit einem Messer in Würfel oder Rechtecke schneiden. So erhält man gleichmäßige rechteckige Trüffel, ohne dass man sich die Hände verschmiert.

Schoko-Chili-Würfel

Schokolade und Chili passen wunderbar zusammen, warum nicht auch unterm Weihnachtsbaum? Das Ergebnis ist umwerfend!

1 Butter und Schokolade in einem Topf auf kleinster Stufe miteinander schmelzen. Inzwischen Zucker, Eier und Mehl in einer Schüssel mit einem Rührlöffel glatt rühren, die Salzprise sowie die winzig fein gewürfelten, entkernten Chilis zufügen. Beide Massen jetzt innig und sehr gründlich miteinander mischen. Das gelingt am besten mit einem Gummischaber.

2 Das Blech mit Alufolie oder Backpapier auskleiden. Die Schoko-masse daraufgeben und den Kuchen bei 160 °C Ober- und Unterhitze ca. 30 Minuten backen.

3 Die Teigplatte auf der Unterlage vom Blech ziehen und auf einem Brett auskühlen lassen. Anschließend stürzen, dann mit einem großen Messer in exakte, 3 Zentimeter große Würfel schneiden. Die Schoko-würfel entweder so, wie sie sind, mit Schokolade überziehen – oder nach Belieben zuvor noch füllen: Würfel quer halbieren, mit Konfitüre dünn bestreichen und wieder zusammensetzen.

4 Zum Überziehen die Schokolade im Wasserbad schmelzen. Gut um-rühren und auf keinen Fall zu heiß werden lassen (siehe Seite 180). Die Würfel einzeln hineintauchen, bis sie auf fünf Seiten überzogen sind. Mit der „nackten" Seite nach unten nebeneinander auf ein Gitter über einem Blech oder Alufolie setzen, abkühlen und trocknen lassen.

ZUTATEN
Für ein Blech von 26 x 30 cm:

250 g Butter
250 g allerbeste dunkle Schokolade (70%)
250 g Zucker
4 Eier (250 g)
2 gehäufte EL Mehl (siehe Tipp)
1 Prise Salz
je 1 rote und grüne Thai-Chilischote
evtl. 150 g Himbeer- oder Aprikosenkonfitüre
200 g dunkle Schokolade für den Überzug

TIPP
Statt Mehl kann man auch feines Kokosmehl unterrühren (siehe auch Seite 171).

Schokomakronen

Ein zartes, köstliches Gebäck. Die Makronen sind sehr empfindlich, müssen bei Ober- und Unterhitze gebacken werden, und nach den ersten 5 Minuten sollte die Ofentür einen kleinen Spalt weit geöffnet werden – einen Kochlöffel oder Topflappen dazwischenstecken –, damit die heiße Luft nach oben entweichen kann. Unbedingt auf Backfolie backen. Auf Backpapier lösen sich die Makronen nur, wenn man es behutsam von unten anfeuchtet.

1 Die Eiweiße mit der Salzprise langsam steif schlagen, den Zucker löffelweise zufügen. Der Schnee soll dicht und cremig sein, der Zucker darf nicht mehr knirschen.

2 Die Mandeln oder Haselnüsse auf einem Blech bei 180 °C ca. 10 bis 15 Minuten im Backofen rösten, dann in einem Tuch rubbeln, bis die Haut zum großen Teil entfernt ist. Anschließend mit Puderzucker im Mixer pulverisieren: Es soll wie puderfeines Mehl wirken. Dieses Mandel-Zucker-Mehl mit dem Eiweiß innig vermischen, ruhig in die laufende Rührmaschine geben.

ZUTATEN
Für ca. 35 Stück:

2 Eiweiß (50 g – siehe Tipp)
1 Prise Salz
100 g Zucker
85 g geschälte Mandeln
oder Haselnüsse
50 g Puderzucker

Schokocreme:
100 g bittere Schokolade
150 ml Sahne

TIPPS ZUM GELINGEN

Damit die Makronen duftig und zart werden, sollten die Eier nicht tagesfrisch, sondern 5 bis 8 Tage alt sein. Manche Konditoren lassen die Eiweiße sogar 2 bis 3 Tage in einer zugedeckten Schüssel im Kühlschrank ruhen, weil sie dann beim Aufschlagen eine dichtere Konsistenz bekommen. Vor dem Aufschlagen müssen sie jedoch wieder Zimmertemperatur (und damit dieselbe Temperatur wie die übrigen Zutaten) annehmen. Also: rechtzeitig aus dem Kühlschrank nehmen. Die Eier sehr vorsichtig trennen und in einer absolut fettfreien, sauberen Schüssel arbeiten. Die fertigen, gefüllten Makronen vor dem Verzehr unbedingt eine Nacht in den Kühlschrank stellen, dann bekommen sie ihre charakteristische Konsistenz. Danach in einer gut schließenden Blechdose aufbewahren.

3 Diese Eiweißmasse in einen Spritzbeutel mit fingerdickem Loch füllen. Runde Tupfen mit möglichst gleichem Durchmesser (ca. 2 Zentimeter) im Abstand von etwa 4 Zentimetern auf ein mit Backfolie belegtes Blech setzen. Im auf 180 °C vorgeheizten Backofen 10 bis 11 Minuten bei Ober- und Unterhitze backen. Nach 5 Minuten die Ofentür einen Spaltbreit öffnen.

4 Für die Schokocreme die Schokolade hacken und in die aufkochende Sahne rühren. Vom Feuer ziehen und unter Rühren schmelzen. Abkühlen und fest werden lassen. Bevor die Masse zum Füllen verwendet wird, kann man sie mit dem Handrührer aufschlagen, dann wird sie luftiger.

5 Je zwei abgekühlte Makronen mit der Schokocreme zusammenkleben.

Weihnachts-menü

Weihnachtsmenü
Das Festessen unterm Weihnachtsbaum

Es ist jedes Jahr das Gleiche: Weihnachten steht auf einmal vor der Tür und wieder weiß man so gar nicht, wie das Festmenü aussehen soll. Festlich soll es sein, aber nicht so schrecklich viel Mühe machen. Möglichst viel sollte sich vorbereiten lassen, und der Einkauf sollte bitte nicht allzu kompliziert sein. Die Quadratur des Kreises also, wie immer. Wir haben uns dieses Mal Folgendes ausgedacht:

Als Vorspeise servieren wir ein Carpaccio von Roter Bete mit Walnüssen, geräucherter Forelle und Forellenkaviar. Das ist festlich, sieht eindrucksvoll aus und lässt sich weitgehend vorbereiten.

Das Hauptgericht ist diesmal eine Pute. Diesen Vogel aufzutischen haben wir uns bisher immer strikt geweigert, weil es kaum möglich war, Puten aus einer Zucht zu bekommen, die man diesen armen Tieren zumuten mochte. Das hat sich gottlob mittlerweile geändert: Überall im Land entstehen Geflügelbetriebe, die nicht mehr nur auf Masse, sondern auf Klasse hinarbeiten. Auf Märkten, bei engagierten Geflügelhändlern und in der Feinkostabteilung guter Supermärkte kann man Puten aus artgerechter Haltung finden. Man muss nur ein wenig suchen – vielleicht sogar im Internet. Achten Sie auf das Label Demeter oder Bioland.

Serviert wird der Festtagsbraten mit einem Lauch-Kartoffel-Gratin. Und die Bratensauce bekommt ihren Kick mit 1 Löffel Quittengelee.

Das Dessert unseres Festmenüs: Topfenknödel mit karamellisierten Apfelspalten – süß, fruchtig und trotzdem federleicht. Wenn das nicht festlich ist!

WARENKUNDE PUTENFLEISCH

Es ist wichtig, dass Puten nicht aus der Massenzucht stammen – nicht nur aus geschmacklichen, auch aus ethischen Gründen. Denn das eigentlich wohlschmeckende, kalorien- und cholesterinarme Fleisch kann man schließlich nicht empfehlen, wenn es von gequälten, kranken und mit Medikamenten vollgepumpten Tieren stammt. Am besten rechtzeitig beim Geflügelhändler oder beim Erzeuger bestellen, denn um Weihnachten ist der Run auf solche guten Sachen groß! Und es gibt auch nicht allzu viel davon.

Eine Pute bringt normalerweise 5 bis 7 Kilogramm auf die Waage, ihr männlicher Kollege kann sogar bis zu 20 Kilogramm wiegen – das ist natürlich alles zu viel für eine normale Familie. Wenn man früh genug bestellt, kann der Geflügelzüchter beizeiten ein kleineres Exemplar schlachten.

Oft werden die großen, ausgewachsenen Puten auch in Einzelteile zerlegt angeboten – das ist gar nicht so schlecht, denn man sagt den Puten nach, dass sie siebenerlei verschiedene Sorten Fleisch bieten, und so kann man sich tatsächlich auch die exakt gewünschte Sorte aussuchen. Also beispielsweise die Ober- oder Unterschenkel, die Brust, das aus der Brust gelöste Filet, den Hals, das Rückenlendenstück und die Flügel. Als Festtagsbraten ist aber der ganze Vogel natürlich eindrucksvoller. Das rechte Maß für eine durchschnittliche Familientafel ist vermutlich mit 4 bis 5 Kilogramm erreicht. Und wenn etwas übrig bleibt: Aus dem kalten Fleisch, sogar noch aus der Karkasse lässt sich am nächsten Tag noch mal ein gutes Essen zubereiten!

Rote-Bete-Carpaccio mit Forelle

Carpaccio war ja der berühmte Maler aus dem Veneto im 17. Jahrhundert, dessen Lieblingsfarbe Rot den Gastronomen Cipriani dazu brachte, ein Gericht, das er für einen Gast entwickelt hatte, nach ihm zu benennen. Er hatte Rinderlende in hauchdünne Scheiben geschnitten, auf einem Teller ausgebreitet und mit einer zarten Senfmayonnaise beträufelt. Und weil das rohe Rindfleisch genau das Rot hatte, das auf den Bildern Carpaccios vorherrschte, gab er seiner Kreation dessen Namen. Es war ein Riesenerfolg, und längst hat sich der Begriff für alle Speisen etabliert, bei denen die Zutaten in dünnen Scheiben auf einem Teller drapiert sind. So heißt mitunter sogar ein simpler Kartoffelsalat „Carpaccio von der Kartoffel"...

ZUTATEN
Für sechs Personen:

2 mittelgroße Rote-Bete-Knollen
5 Pfefferkörner
2 Pimentkörner
1 Wacholderbeere
Salz
3 EL milder Apfelessig
einige Tropfen Balsamico
2-3 Handvoll Salatblätter: Frisée,
Feldsalatröschen, Radicchio und/
oder Chicorée

Vinaigrette:
3 EL Himbeeressig
1 EL Balsamico
3 EL Olivenöl
1 EL Walnussöl
Salz, Pfeffer
1 Prise Zucker

Außerdem:
3 mittelgroße, frisch geräucherte
Forellen (siehe Tipp)
2-3 EL Olivenöl
ca. 50-100 g Forellenkaviar
1 kleine Handvoll Walnusskerne

1 Vorbereiten: Die Rote Bete kann man bereits am Vortag im Dampfgarer oder in wenig Wasser garen – die Knollen sollten sich mit einem dünnen Messer oder einer langen Nadel mühelos durchstechen lassen. Wie lange das dauert, hängt von der Größe und ihrem Alter ab: zwischen 40 und 60 Minuten. Die Rote Bete noch heiß pellen und verarbeiten: Auf dem Gurkenhobel oder der Aufschnittmaschine in dünne Scheiben schneiden, diese möglichst in einer flachen Schale mit der Marinade begießen. Dafür die Gewürzkörner mit ¼ Teelöffel Salz im Mörser fein zerreiben und mit beiden Sorten Essig vermischen. Über den Rote-Bete-Scheiben verteilen, dabei behutsam unter die Scheibchen mischen und zugedeckt bis zum Servieren beiseite stellen.

2 Die Salatblätter waschen, zerzupfen und gut abtropfen. Für die Vinaigrette alle Zutaten mit einer Gabel oder dem Schneebesen cremig aufschlagen, gut abschmecken.

3 Die Forellen aus ihrer Haut und von den Gräten lösen, die Filets in Portionsstücke teilen.

4 So vorbereitet können alle Bestandteile der Vorspeise bis zum Abend warten, dann muss nur noch rasch angerichtet werden, wenn die Gäste sich zu Tisch begeben.

5 Servieren: Die Rote-Bete-Scheiben mit Olivenöl beträufeln und nochmals kurz durchmischen. Dann jeweils dachziegelartig in einem Kreis auf den Tellern anrichten. In die Mitte ein Häufchen Salatblätter setzen, die mit etwas Vinaigrette benetzt wurden. Die Forellenfilets dekorativ auf den Tellern verteilen. Alles mit der restlichen Vinaigrette beträufeln. Am Ende die Kaviarperlen und die grob gehackten Walnusskerne darübergeben.

BEILAGE
Knuspriges Baguette oder Ciabatta.

GETRÄNK
Ein kraftvoller, herzhafter Weißwein, der den erdigen Aromen der Roten Bete Widerpart bieten kann. Wir finden in diesem Fall den Tonschiefer vom Weingut Dönnhoff an der Nahe ideal.

TIPP

Forellen lassen sich ziemlich mühelos selber räuchern, wenn man gute Forellen bei einem Züchter besorgen kann. Sie werden zuerst gesalzen – und zwar unbedingt im Ganzen, denn an der Gräte gegart und geräuchert bleiben sie einfach saftiger und schmecken besser! So müssen sie zunächst über Nacht im Kühlschrank durchziehen. Dann werden sie in den Räucherofen gehängt, in dem ein kleines Feuer brennt, über dem die Fische garen, etwa 30 Minuten – und auf keinen Fall zu heiß, damit sie nicht trocken werden. Anschließend wird das Räuchermehl auf das Feuer gehäuft, damit Rauch entsteht, in dem die Fische in den folgenden 30 Minuten Farbe und Geschmack annehmen.

Wer die Räucherfische fertig kauft, sollte sie in jedem Fall einige Stunden vor dem Servieren aus dem Kühlschrank nehmen, bei Zimmertemperatur entwickelt sich ihr Aroma am besten!

Gebratene Pute

Wir füllen die Pute mit Maroni – Esskastanien, die mit Zwiebeln und Rosenkohl vermischt werden. Und wir braten sie langsam und lange, damit sie richtig durchgart und trotzdem saftig bleibt.

1 Damit die Pute schon einmal Zimmertemperatur annimmt, rechtzeitig aus dem Kühlschrank holen. Man sollte etwa 5 Stunden vor dem Essen mit den Vorbereitungen beginnen:

2 Die Kastanien (wenn man nicht die vorgekochten verwendet) kreuzweise einritzen, auf einem Blech verteilen und im 200 °C heißen Backofen 30 Minuten rösten. Sie springen dann an der Kreuzstelle auf und lassen sich, etwas abgekühlt, leicht schälen. Auch die innere rötliche Haut unbedingt entfernen.

ZUTATEN
Für sechs (bis acht!) Personen:

1 Pute von ca. 5 kg
(oder, für eine kleinere Runde,
auch nur 1 Hälfte davon)
500 g Esskastanien, frisch
oder vakuumverpackte gekochte
(siehe Tipp)
500 g Rosenkohl (kleine Röschen
aussuchen!)
Salz
1 große Zwiebel
1 Knoblauchzehe
4 EL Olivenöl

Gewürzmischung:
1 EL weiße Pfefferbeeren
1 kleine getrocknete Chilischote
1 Stück Macis (oder Muskat)
4 Wacholderbeeren
6 Pimentkörner
1 TL Senfsaat
1 EL Koriandersamen
2 EL Salz

3 Die Rosenkohlröschen putzen, am Stiel ebenfalls kreuzweise einschneiden und in Salzwasser etwa 5 Minuten vorkochen. Eiskalt abschrecken, dann behalten sie ihre schöne Farbe, außerdem stabilisiert das die Vitamine. Die Zwiebel fein würfeln, mit der gehackten Knoblauchzehe mischen und jetzt alles, Kastanien, Rosenkohl, Zwiebel und Knoblauch, mit 2 Esslöffeln des Olivenöls in einer Schüssel mischen, salzen, pfeffern und auch mit einem Esslöffel der Gewürzmischung würzen. Dafür alle Gewürze (außer dem Salz) in einer Pfanne rösten, bis sie duften und in der Pfanne springen. Dann im Mörser oder Mixer zusammen mit dem Salz pulverisieren.

TIPP

Die vakuumverpackten gekochten Kastanien, die es um die Weihnachtszeit eigentlich in jedem guten Supermarkt in der Gemüseabteilung gibt, sind durchaus zu empfehlen, wenn man sich die Arbeit mit frischen Kastanien nicht machen mag. Weniger gut schmecken die im Glas oder in der Dose.

4 Die Kastanien-Rosenkohl-Füllung in den Putenbauch packen, diesen mit Zahnstochern zustecken oder mit Nadel und Faden zunähen. Die Pute mit dem restlichen Olivenöl einreiben, dann 2 bis 3 Esslöffel der Gewürzmischung auf der Pute verteilen und ebenfalls gut einreiben. (Den Rest in ein Schraubglas füllen – passt zu jeder Art von Geflügel oder hellem Fleisch.)

5 Die Pute dressieren, wie man in der Fachsprache sagt: Die Flügel unter dem Rücken verschränken, die Keulen an den Körper schmiegen und über dem Bürzel mit Küchenzwirn festbinden. In einen Bräter setzen, zunächst mit der Brust nach unten, und in den sehr heißen Ofen schieben (220 °C Heißluft / 250 °C Ober- und Unterhitze). Nach gut 30 Minuten den Vogel auf den Rücken drehen, die Temperatur auf 130 °C bzw. 150 °C herunterschalten.

6 Jetzt das inzwischen sehr klein, höchstens zentimetergroß gewürfelte Wurzelgemüse, den Thymian und eine kleine gehackte oder zerdrückte Chilischote in den Bräter streuen und rundum anrösten. Nach gut 10 Minuten mit ½ Flasche Weißwein ablöschen.

Außerdem:
je 1 Möhre, Lauchstange, Zwiebel
¼ Sellerieknolle
1 Sträußlein Thymian
1 getrocknete oder frische Chilischote
Öl zum Braten
1 Flasche Weißwein zum Angießen
etwas Brühe
2 EL Quittengelee oder -konfitüre
für die Sauce

 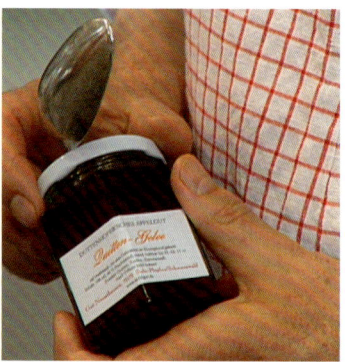

7 Die Pute weitere 2½ (bei einem Gewicht von ca. 4 Kilogramm) bis 3 Stunden (wenn sie 5 Kilogramm wiegt) im Ofen lassen. Ab und zu mit einem Schuss Wein begießen, zum Ende hin immer wieder mit Bratenfond beschöpfen.

8 Dann den Ofen ausschalten. Wurzelgemüse und Bratenjus aus der Bratenform in einen Mixbecher umfüllen, dabei den Bratensatz mit Brühe loslösen. Den Vogel mit Alufolie gut zugedeckt nachziehen lassen, bis die Sauce fertig ist:
Dafür das Gemüse im Bratenjus glatt mixen und durch ein Sieb in eine Kasserolle geben. Bis zur gewünschten Menge etwas einkochen lassen. Dann mit dem Mixstab aufmixen, dabei wird das verbliebene Fett mit der Flüssigkeit zu einer Sauce emulgieren und sie cremig binden – Sahne kann man sich deshalb sparen! Stattdessen das Quittengelee untermixen und die Sauce gut abschmecken.

9 Am Ende ist die Pute rundum schön gebräunt. Im Ganzen auf einer großen Platte anrichten, nun kann sie tranchiert und serviert werden.

Lauch-Kartoffel-Gratin

Man stellt die Form am besten gleich von Anfang an unter die Pute in den Ofen, nimmt sie jedoch heraus, wenn das Gratin gar ist. Bevor serviert wird, schiebt man die Form dann noch einmal für 10 Minuten in den rasch aufgeheizten Ofen.

1 Die Kartoffeln schälen und in dünne Scheiben hobeln. Lauch putzen, das dunkle Grün entfernen, nur den weißen und hellgrünen Teil nach gründlichem Waschen schräg in etwas dickere Scheiben schneiden. Abwechselnd mit den Kartoffelscheiben in einer flachen feuerfesten Form verteilen, dabei jede Schicht mit Salz, Pfeffer, Muskat sowie mit Majoran (zwischen den Fingerspitzen zerrebbeln) würzen. Die oberste Schicht Kartoffeln sollte möglichst akkurat aufgelegt werden, damit die einzelnen Scheiben schön übereinandergreifen.
Die Sahne gleichmäßig darüber verteilen und die Form mit so viel Milch auffüllen, dass die Kartoffeln an der Oberfläche gerade eben davon erreicht werden.

2 Bei ca. 180 °C im Backofen etwa 1½ Stunden garen. Sollte dabei die Oberfläche zu stark bräunen, mit Alufolie abdecken.

GETRÄNK

Ganz nach Vorliebe Weiß- oder Rotwein – denn zum hellen Putenfleisch ist ein Roter nicht unbedingt zwingend. Wenn er kraftvoll genug ist und obendrein so üppig, dass er den Vorspeisenweißwein toppen kann, dann wirkt ein Weißwein vermutlich sogar eleganter als ein Rotwein. Salomonische Lösung, die in der Mitte liegt: ein weiß gekelterter Spätburgunder, zum Beispiel vom fränkischen Weingut Fürst in Bürgstadt. Oder ein samtiger Spätburgunder von der Ahr.

ZUTATEN

Für sechs Personen:

1,2 kg vorwiegend festkochende Kartoffeln
800 g Lauch
Salz, Pfeffer
Muskat
Majoran
500 ml Sahne
ca. 250 ml Milch

TIPP

Ganz wichtig ist am Ende, dass das Gratin, während die Sauce entsteht und die Pute unter Alufolie nachzieht, im auf starke Hitze hochgeschalteten Backofen noch eine schöne Bräune bekommt.

Topfenknödel mit karamellisierten Äpfeln

Die Topfenknödel sind federleicht, ein unwiderstehliches Dessert.

1 Den Quark bereits am Vortag in einem Tuch oder in einem mit Küchenpapier ausgelegten Sieb über einer Schüssel hängend abtropfen lassen – es bleiben dann ca. 400 Gramm übrig. Zimmerwarme Butter und den Zucker mit dem Handrührer schaumig rühren, Eier und Eigelb sowie die Gewürze zufügen. Topfen und Semmelbrösel untermischen. Die Masse 20 Minuten ruhen lassen.

2 Mit angefeuchteten Handflächen tischtennisballgroße Knödel formen, in leicht wallendem Salzwasser 10 Minuten pochieren (Probeknödel nicht vergessen!). Mit einer Schaumkelle herausheben, gut abtropfen lassen.
Bis hierher kann man alles bereits am Morgen vorbereiten.

ZUTATEN
Für sechs Personen:

Topfenknödel:
500 g Topfen oder
Quark (20 % Fett i. Tr.)
30 g Butter
30 g Zucker
2 Eier
1 Eigelb
Mark von ½ Vanillestange
Salz
Zitronenschale
80 g Semmelbrösel
70 g gemahlene Mandeln
oder Haselnüsse
70 g Butter
1 EL Zucker

3 Zum Servieren in einer Pfanne die Mandel- oder Haselnussbrösel in der Butter rösten, dabei den Zucker darüberstreuen. Die abgetropften Knödel in diesen Bröseln wälzen, bis sie rundum davon überzogen sind.

4 Äpfel schälen, vierteln, das Kerngehäuse herausschneiden, jedes Viertel in 3 bis 4 Spalten schneiden. Sofort mit Zitronensaft beträufeln, damit sie schön hell bleiben. In einer Pfanne die Butter schmelzen, die Apfelspalten darin nebeneinander sanft anbraten, dabei gleichmäßig mit Zucker bestreuen. Die entkernte Chilischote sehr fein würfeln und über den Äpfeln verteilen.

5 Die Spalten drehen und wenden, damit sie vom Karamell gleichmäßig überzogen werden. Bis zum Servieren in der Pfanne lassen, dann kann man sie vor dem Anrichten behutsam erwärmen und wieder voneinander lösen, wenn sie aneinanderkleben.

6 Für das Himbeermark die Himbeeren mit dem Zucker vermischt auftauen, dann durch die Gemüsemühle drehen und mit Zitronensaft abschmecken.

SERVIEREN

Jeweils einen Topfenknödel in die Mitte des Tellers setzen, die Apfelspalten dekorativ darum herum anrichten. Dazwischen Kleckse vom Himbeermark verteilen.

GETRÄNK

Ein prickelnder Winzersekt, zum Beispiel ein Muskatellersekt vom Weingut Schneider in Endingen am Kaiserstuhl. Oder vielleicht auch, weil Weihnachten ist: Champagner!

Karamellisierte Äpfel:
3-4 Äpfel (säuerliche, zum Beispiel
Elstar, Rubinette)
1 Zitrone
50 g Butter
3 EL Zucker
1 frische Chilischote

Außerdem:
250 g TK-Himbeeren
2-3 EL Zucker
1 Spritzer Zitronensaft

Resteverwertung

Oft bleibt ja viel von der Brust übrig, denn die meisten stürzen sich auf die Keulen oder Schenkel. Das macht aber nichts, denn mit dem kalten Putenfleisch lässt sich eine Menge anstellen:

Der Salatfreak schneidet das **Brustfleisch** anderntags auf der Aufschnittmaschine in dünne Scheiben auf, richtet diese dachziegelartig auf einem Bett von zerzupften Frisée- oder anderen Salatblättern an und beträufelt alles mit einer schnell aufgemixten säuerlich-würzigen Marinade.

Aus übrig gebliebenem **Keulenfleisch** wird ein feuriger thailändisch duftender Curry: ½ bis ¾ Teelöffel Currypaste in 1 Esslöffel Öl anrösten, nach Belieben Möhren in Scheibchen, Lauch in Ringen, gewürfelte Zwiebeln mitdünsten. Mit ca. 200 Milliliter Kokossahne und einem Saucenrest aufgießen, mit Fischsauce, Zucker und Zitronensaft kräftig würzen. Das gewürfelte Keulenfleisch darin behutsam erwärmen. Kräuter wie Koriandergrün und/oder Thai-Basilikum hineingeben und Duftreis dazu – außerdem ein würziger, duftender Sauvignon ins Glas, und alle sind glücklich!

Die **Innereien** ergeben ebenfalls noch verschiedene Leckerbissen: Die Leber wird zusammen mit einer fein gewürfelten Zwiebel, etwas Knoblauch, Petersilie sowie Thymian angebraten und mit 1 Schuss Madeira oder Sherry abgelöscht. Und dann mit etwa der doppelten Menge Butter im Mixer püriert. In einem Deckeltöpfchen abkühlen lassen. Am nächsten Tag geröstetes Brot damit bestreichen: ein perfekter Happen zum Glas Wein.

Zu guter Letzt: Eine herrliche Brühe entsteht, wenn man Magen, Hals, Hautabschnitte, am Ende sogar das abgefieselte Knochengerüst mit Wurzelgemüse, Zwiebel, Petersilienstängeln, einigen Pfefferkörnern, Salz und Lorbeerblatt großzügig mit Wasser bedeckt und langsam bei milder Hitze auskocht. Nach 3 Stunden ist der Magen butterzart. Dann von gallertigen und harten Teilen säubern und in feine Scheibchen schneiden. Mit Frühlingszwiebeln und einer Vinaigrette anmachen – ein köstlicher Vorspeisensalat! Und das Fleisch vom Hals – besonders saftig, wenn man es ebenso lange wie den Magen gekocht hat – ist eine fabelhafte Einlage in der gut abgeschmeckten Brühe!

Register

Aperitifhappen   72, 102 ff.,
   104 f., 106
Äpfel   52 f., 200 f.
Apfelmus,
   selbst gemachtes   151
Aufstrich   72, 132 f., 177, 203
Ausbacken   27 f., 110, 150

Backen   116 ff., 123, 178 ff.
Balsamico   46 ff.,
Bettelmönchtaler   184
Bonbons   170
Bratkartoffeln   54
Bretter   94
Brot, Zucchini-   133
Brühe, klären   21
Buchteln, gefüllte   33
Burnoise   20
Butter   71

Cannelloni, Kürbis-   160 f.
Carpaccio, Rote-Bete-   194 f.
Couscous   85
Créme Caramel   43
Creme, Balsamico-   57
   Schoko-   188 f.
   Speck-   105
   Thunfisch-   105
Crostoli   28
Curry, Thai-Puten-   202

Dampfnudeln   22 f., 30, 32
Datteln im Speckmantel   111
Dessert   43, 79, 110, 119, 192
Dip, Avocado-   112
   Chilisaucen-   101
   Fischsaucen-   97
   Frischkäse-   105
   Frischkäse-Zwiebel-   114
   Hähnchen-Kokos-   106

Hoisin-   97
Ingwer-   39, 99
Joghurt-Basilikum-   129
Wasabi-   108 f.
Drink, Quark-   78

Eier, gefüllte   153
Eierlikör, selbst gemacht   172 f.
Eiskaffee   120
Entenbrust, marinierte   51 f.
Entenfett   52
Erbspüree   54
Erdbeeren   119
Erdnüsse, rösten   105

Fett entsorgen   29
Fettgebackenes   29
Flädle   61
Forelle   194 f.
Frischkäse   66 ff.
Fritelle veneziane   27
Frittaten   61
Frittieren   26, 29
Frühlingsrollen   90 ff., 95,
   100
Füllung, Kastanien-
   Rosenkohl-   196
   Kräuter-Semmel-   138
   Marmeladen-   26

Galgant   18, 36 f., 40 f.
Gebäck, Frischkäse-   72, 76 f.
Hefe-   33
Salz-   76
Geflügel   80 ff.
Geschenke   166 ff.
Gewürzmischung   196
Glücksrollen,
   Vietnamesische   96
Gnocchi, Kürbis-   162

Gratin, Lauch-Kartoffel-   199
Gremolada   144 f.

Hackfleisch   30, 33, 64, 107 f.,
   140
Hähnchen   40, 56, 82 ff.,
   86, 130
Haselnusstürmchen   183
Himbeermark   201

Ingwer   34 ff.
Ingwerschaum   158 f.

Kalbfleisch   145 f.
Kalbsbrust   134 ff., 140 f.
Kalbsmedaillons   54
Karamell   43, 122, 168, 101
Karamellisieren   32, 65, 122, 183
Kartoffelpuffer   150
Kinder   146 ff.
Knödel, Topfen-   200 f.
Knuspertürmchen   119
Kokosmehl   171, 287
Konfekt   180 ff.
Konfitüre   165
Krapfen   22 f., 26 f.
Kuchen   73, 118 ff., 121
Kürbis   156 ff.
Kürbiscappuccino   159
Kürbisschnitten   164
Kuvertüre   181

Leber, Kalbs-   55
Linsen   88 f.
Liptauer   69, 72

Magerquark   68
Makronen, Schoko-   188 f.
Mandelkrokant   65, 169
Mandeln, rösten   105

Meerrettich 89
Mendiants 184
Messer 44 f.
Muffins, Kürbis- 165

Nockerl 15
Nüsse, karamellisierte 183

Öl, Koriander- 159
  Kürbiskern- 162 f.
  Petersilien- 53
Ossobuco 134 ff., 144 f.

Pasta 56, 87
Perlhuhn 83 f.
Pesto, Tomaten- 177
Pfannkuchen 58 ff., 65
Pfeffer 143
Pizza 73
Pizzastein 75
Plätzchen 180 ff.
Pute, gebratene 196 f.
Putenfleisch 87, 193, 202

Quark 65, 67, 200
Quiche, Lauch- 74

Räucherfisch 195
Reibekuchen 150 f.
Resteverwertung 202 f.
Rhabarber 124
Ricotta 68 f.
Roastbeefröllchen,
  gefüllte 39

Salat, Eier- 149
  Kartoffel- 142
  Obst- 154
  Wurst- 63
Salbeimäuschen 110

Salz 174
Sauce, Fondue- 40
  Ingwer- 42
  Pasta- 56, 65
  Schokoladen- 65
  Spinat- 70, 87
  Tomaten- 152
  Würz- 145
Schoko-Chili-Würfel 187
Schokolade 180 ff.
Schweinefleisch,
  Chinesisches 38
Soljanka 16 f.
Spätzle 152
Stubenküken 83, 88 f.
Suppe, Graupen- 20
  Gulasch- 14
  Hanoi- 18
  Kräutercreme- 70
  Rote-Beete- 16 f.
  Thai-Curry-Kokos- 37, 40
Suppengrün,
  eingemachtes 175 f.

Tarte 73
Täubchen 82 f., 88 f.
Tee, Ingwer- 36, 41
Teig, Blätter- 124 f.
  Hefe- 24 ff., 28, 30, 32 f.
  Nudel- 160
  Quark-Öl- 72, 75 f.
  Rühr- 121
Törtchen, Mandel- 124, f., 171
Torte, Mangotorte
  mit Himbeeren 123
  Mohn-Himbeer- 122
  Ricotta- 79
Trockenpflaumen,
  gebratene 105
Trüffel, Schoko- 186

Vinaigrette 132, 194 f.
Vorspeise 39, 57, 70, 164, 192

Wachteln 82 ff.
Wan Tan 90 ff., 98 f., 119

Ziegenkäseknödel 70 f.
Zitronenpizza 75
Zucchini, gefüllte 128
Zucchiniblüten 132
Zucchinitaler 129
Zucchinitürmchen,
  gefüllte 130 f.
Zwiebeln, Balsamico- 51 f.
Zwischengang 70, 162

KOCHEN MIT

DIE BÜCHER AUS DER TV-KÜCHE VON MARTINA

**LAUTER
LEIBGERICHTE**

208 Seiten, Laminierter Pappband
ISBN 978-3-8025-1626-9

€ 22,– (D) / € 22,70* (A) / sFr 38,90*

**EINFACH
DAS BESTE!**

208 Seiten, Laminierter Pappband
ISBN 978-3-8025-1678-8

€ 22,– (D) / € 22,70* (A) / sFr 38,90*

**KOCHEN MIT
LEIDENSCHAFT**

208 Seiten, Laminierter Pappband
ISBN 978-3-8025-3524-6

€ 22,– (D) / € 22,70* (A) / sFr 38,90*

LEIDENSCHAFT

MEUTH UND BERND NEUNER-DUTTENHOFER

20 Jahre TV-Küche

ALLES, WAS WIR MÖGEN

208 Seiten, Laminierter Pappband
ISBN 978-3-8025-3600-7
€ 22,– (D) / € 22,70* (A) / sFr 38,90*

RICHTIG GUT KOCHEN!

208 Seiten, Laminierter Pappband
ISBN 978-3-8025-1753-2
€ 22,– (D) / € 22,70* (A) / sFr 38,90*

DAS BESTE VON MEUTH, NEUNER-DUTTENHOFER

208 Seiten, Laminierter Pappband
ISBN 978-3-8025-1752-5
€ 19,95 (D) / € 20,60* (A) / sFr 35,50*

www.vgs.de

EGMONT
Verlagsgesellschaften